Rudolf Stumberger

Das Projekt Utopia

Geschichte und Gegenwart des
Genossenschafts- und Wohnmodells
»Familistère Godin« in Nordfrankreich

VSA-Verlag Hamburg

Bildnachweis

Umschlag (Vor- und Rückseite), S. 9, 10/11, 17, 20/21, 24, 28, 31, 32, 34, 35, 36, 37, 38, 39, 41, 42, 44, 45, 46, 49, 53, 56, 61, 64, 67, 71, 74, 79, 81, 82, 83, 84, 104, 121: Familistère de Guise © SMFG-2003

S. 87, 97, 98, 99u., 102, 103, 113, 115: Rudolf Stumberger

S. 99o., 100o., 101o.: Georges Fessy © Familistère de Guise – 2003

S. 100u., 101u.: Photographie Hugues Fontaine, collections Familistère de Guise© 2003

www.vsa-verlag.de

© VSA-Verlag 2004, St. Georgs Kirchhof 6, 20099 Hamburg
Alle Rechte vorbehalten
Umschlagabbildung: Schüler der Familistère im Innenhof des Zentralpavillons, 1890;
Rücktitel: Zeichnung von H. Demare auf dem Deckblatt der Zeitschrift »Les Hommes d'aujourd'hui« (Paris, 1880)
Druck- und Buchbindearbeiten: Idee, Satz und Druck, Hamburg
ISBN 3-89965-096-4

Inhalt

Einleitung

>»Die Wohnverhältnisse des Volkes sind ein Abbild
der Verwirrung und Unordnung, in der sich die individuellen und sozialen Bedürfnisse befinden.«
Jean-Baptiste André Godin

In der Bundesrepublik Deutschland des beginnenden 21. Jahrhunderts scheint die gesellschaftliche Phantasiekraft vollständig davon
aufgesogen zu werden, das Leben der Menschen so kompliziert wie
möglich zu gestalten und auch noch die letzten Lebensbereiche einer Kapitalverwertung zuzuführen. Warum Heerscharen von Ver-
waltungsangestellten und Juristen sich etwa mit der Vermietung baye-
rischer Straßenbahnen an amerikanische Unternehmen beschäftigten (das so genannte Cross-border-leasing) oder warum Finanz-
experten sich so neuartige Dinge wie »Wetter-Derivate« einfallen
lassen, ist nur innerhalb eines geschlossenen Systems nachvollzieh-
bar. Dieses System, das nach der Implosion eines »real existierenden
Sozialismus« zunehmend nach den Spielregeln des Neoliberalismus
funktioniert, besetzt neben seinem angestammten Bereich – der Welt
der Wirtschaft – mehr und mehr Lebensbereiche, in denen bisher
andere Regeln als die der Ökonomie galten. Wer Hochschulen zu
Profit-Centern umgestalten und Schullehrern eine Trainee-Ausbil-
dung verpassen will, hat eine andere Gesellschaft als die bisher so
gerne angeführte »soziale Marktwirtschaft« des 20. Jahrhunderts im
Sinn.[1]

---

[1] So legte der Bundesverband des Deutschen Groß- und Außenhandels (BGA),
einer der Spitzenverbände der deutschen Wirtschaft, als Ergänzung zu den so genannten »Reformen« der Regierung Schröder eine »Agenda 2004« vor. Darin ist
nur noch von »Marktwirtschaft« und nicht mehr von »sozialer Marktwirtschaft«
die Rede, aber auch davon, dass sich der Staat aus vielen Bereichen zurückziehen
solle, z.B. aus dem Hochschulbereich. Vgl. Bundesverband des Deutschen Groß-
und Außenhandels e.V.: Agenda 2004 zur Wiederbelebung der Marktwirtschaft in
Deutschland. Berlin 2003.

Gegen die Totalität eines ökonomistischen Denkens hat der im Januar 2002 verstorbene französische Soziologe Pierre Bourdieu die Europäer aufgefordert, Widerstand zu leisten, sich ihrer reichhaltigen sozialen Geschichte zu erinnern und diese Mannigfaltigkeit an Erfahrungen als Geschichtsschatz zu betrachten. Das hier vorgestellte Projekt der Familistère, ein zu seiner Zeit alternatives Wohn- und Arbeitsmodell in der Epoche der Industrialisierung, gehört zu diesen Beispielen sozialer Erfahrung und sozialer Organisation jenseits oder zumindest abseits einer kapitalbestimmten Welt. Es ist einer der vielen bunten Farbtupfer auf der großen Palette an Unternehmungen, die seit etwa 200 Jahren das Zusammenleben der Menschen nach Prinzipien der Solidarität, Gerechtigkeit und Gleichheit zu organisieren versuchen. Einige dieser Unternehmungen gingen früh in die Geschichte ein – wie das utopische Projekt von Robert Owen – viele scheiterten, allen voran das tragische »Großprojekt« des Kasernensozialismus im Osten, andere aber existierten und existieren eher still vor sich hin und manche überdauern. Dazu gehört die große Vielfalt an genossenschaftlichen Unternehmen in Europa, von denen die spanische Industriegenossenschaft Mondragón etwa ein Beispiel für wirtschaftlichen Erfolg ist und die Mär widerlegt, dass sich soziales Arbeiten und wirtschaftliche Prosperität ausschließen. Dazu gehören aber auch die kleinen Kooperativen z.B. in Italien, die weitgefasste ökonomische Felder von der Weinproduktion bis zu Pflegedienstleistungen beackern. Dazu gehören ebenso all die unzähligen Bürgerprojekte, vom karitativen Zweck einer Obdachlosenzeitung bis zu modernen Wohnformen mit kollektiven Einrichtungen. Sie alle stehen mehr oder weniger in einer langen Tradition alternativer gesellschaftlicher Formen des Lebens und Arbeitens, in der die Familistère von Godin eine der interessantesten und dauerhaftesten war. Ein paternalistisches und widersprüchliches Projekt, fortschrittlich und wenig demokratisch zugleich, monumental und doch provinziell, visionär und praxisnah. Im Folgenden soll die Entstehung, die Entwicklung ebenso wie der Niedergang dieses Modells innerhalb des zeitgenössischen Kontextes, aber auch in aktuellen Bezügen zur Gegenwart dargestellt werden.

Rechte Seite: Schüler der Familistère im Innenhof des Zentralpavillons, 1890

1. Die Familistère von Godin – zur Geschichte eines sozialen Experiments

Die Familistère (aus »Solutions Sociales«, 1871).
Im Mittelpunkt der Anlage steht der Zentralpavillon des Sozialpalastes
mit seinen beiden Flügelanbauten. Hinter dem Zentralpavillon und auf
der Abbildung nicht sichtbar, der Kindergarten (1914 zerstört).
Im Vordergrund das Theater mit den Schulgebäuden links und rechts.
Rechts vom Theater die Wirtschaftsgebäude. In der Bildmitte die Brücke
über die Oise, die am Ufer errichtete Wäscherei und das Bad.
Auf der rechten Bildseite die Fabrikgebäude.

Die französische Kleinstadt Guise liegt mit ihren 6000 Einwohnern
im Departement Aisne der Region Picardie im Tale der Oise, ca. 150
Kilometer nordöstlich von Paris und 40 Kilometer westlich der belgischen Grenze. Das Umland ist agrarisch geprägt, das Landschaftsbild wird vor allem von Wäldern, Weizen- und Zuckerrübenfeldern
bestimmt. Guise selbst ist Standort von Leichtindustrie, hier werden Büromöbel, elektrische Schalter und Kleiderbügel hergestellt,
ca. 450 Arbeitsplätze sind in diesem Bereich angesiedelt. In den Reiseführern findet sich die Stadt mit der touristischen Sehenswürdigkeit der Festung der »Ducs de Guise« wieder – eine großflächige
Verteidigungsanlage, deren Ursprünge auf das zwölfte Jahrhundert
zurückgehen. Immer öfter aber wird Guise in Zusammenhang mit
einem zwischenzeitlich in Vergessenheit geratenen sozialen Experi-

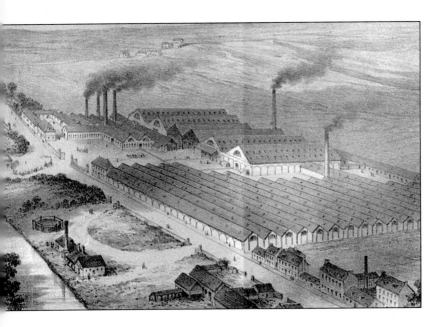

ment erwähnt – der »Familistère« des Ofenfabrikanten Jean-Baptiste André Godin (1817-1888).

In der zweiten Hälfte des 19. Jahrhunderts errichtete der Unternehmer am Rande der Stadt ein architektonisches Manifest sozialen Wohnens – das oder die »Familistère«.[2] Der Name steht für ein Ensemble an Gebäuden, das mehrere »Wohnpaläste«, ein Theater, Schulen und Versorgungseinrichtungen beinhaltete. In 500 Wohnungen lebten die Arbeiter der nahen Ofenfabrik »Godin« unter für damalige Verhältnisse sehr komfortablen Bedingungen. Doch das soziale Engagement des Handwerkers und erfolgreichen Fabrikanten erschöpfte sich nicht in der Wohnungsfrage. Als Anhänger des »utopischen Sozialisten« Charles Fourier führte Godin die Fabrik und die Familistère 1880 in den Besitz einer Assoziation, einer Art Genossenschaft, über. Diese Genossenschaft und mit ihr die halbgemeinschaftliche Wohnform überdauerte bis zum Jahre 1968. Es ist fast schon eine Art Scherz der Geschichte, dass gerade in der Hoch-

---

[2] Im französischen Original: »le Familistère«. In der älteren deutschen Literatur mit »das Familistère« übersetzt, erscheint mir die weibliche Form (»die Familistère«) der bezeichneten Anlage und ihrem Wesen mehr zu entsprechen.

phase der Studentenrevolte und einer neuen und radikalen Linken sich ein mehrere Jahrzehnte existierendes und die Jahrhundertwende überdauerndes »Arbeiterkollektiv« auflöste: Fabrik und Wohngebäude wurden privatisiert. Der zur Familistère gehörende Garten, das Bad- und Waschhaus, das Theater und die Wirtschaftsräume gingen in den Besitz der Gemeinde über, und das Ensemble fiel für Jahrzehnte in einen »Dornröschenschlaf«.

Die Ofenfabrik kam erst in den 1980er Jahren nach einem Besitzerwechsel wirtschaftlich wieder auf einen »grünen Zweig«, heute wird dort mit einer Belegschaft von 280 Mitarbeitern produziert. Die Wohnungen der Familistère sind größtenteils noch in privater Hand, doch die Stadt Guise hat mittlerweile ein Viertel der Wohnungen aufgekauft. Diese Aufkäufe sind Teil eines umfangreichen Sanierungsprojektes – des »Projekts Utopia« –, das die architektonische und sozialgeschichtliche Bedeutung der Familistère für eine intensivere touristische Erschließung nutzbar machen will.

In der Person Jean-Baptiste André Godins verkörpern sich zwei bedeutsame Entwicklungslinien des 19. Jahrhunderts. Zum einen steht Godin als Beispiel für die ab 1800 sich abzeichnende Konstituierung der Industriebourgeoisie als soziale Klasse. Diese »Klassenentstehung« ist ebenso wie das Auftauchen des Proletariats eine sozialstrukturelle Begleiterscheinung der Industriellen Revolution. *Jürgen Kuczynski* hat darauf hingewiesen, dass im Zuge dieser Industriellen Revolution »manche Industriebourgeois und Industrieproletarier aus der gleichen Schicht, dem Handwerk, kamen.«[3]

Godin wird 1817 in Esquéhéries an der Aisne als Sohn eines Handwerkers – des Dorfschmieds – geboren. Mit elf Jahren verlässt er die Schule, beginnt in der Werkstatt seines Vaters zu arbeiten und steht von morgens fünf Uhr bis abends acht Uhr am Amboss. Seine Schulbildung entspricht der damals für Tagelöhner- und Landarbeiterkinder üblichen: »Die Kinder saßen zusammengepfropft in engen Räumen, welche im Winter eisig kalt und im Sommer zum Ersticken heiß waren, von einem Schulmeister unterrichtet, der selbst nicht

---

[3] Kuczynski, Jürgen: Einige Überlegungen zur Struktur der Arbeiterklasse in der Zeit der Industriellen Revolution anläßlich des Erscheinens von E.P. Thompson, The making of the English working class, London 1963. In: Zwahr, Hartmut (Hrsg.): Die Konstituierung der deutschen Arbeiterklasse. Berlin 1981.

viel wußte.«[4] Nach Abschluss der Lehre bei seinem Onkel begibt Godin sich mit 17 Jahren auf Wanderschaft. Sie führt ihn nach Paris, Bordeaux, Toulon, Marseille und Lyon. Er lernt das mühselige Leben der Arbeiter kennen und empört sich über die ausgezahlten Hungerlöhne. Nach der Rückkehr in seinen Heimatort und der Heirat mit Marie Lemaire baut Godin 1840 mit der finanziellen Hilfe seines Vaters, der ihm 4000 Francs zur Verfügung stellt, eine eigene Werkstatt auf und produziert dort mit zwei Arbeitern Heizöfen. Er lässt sich eine neue Erfindung patentieren – das Verfahren, Öfen aus Gusseisen anstatt aus Blech herzustellen. Damit beginnt der wirtschaftliche Erfolg der Ofenfabrik Godin. 1846 wird die Produktion in das verkehrstechnisch günstiger gelegene Guise an der Oise verlegt, wo Godin am Rande des Städtchens mehrere Grundstücke erwirbt. Es folgen weitere Patente, das Unternehmen wächst stetig: 1850 beschäftigt Godin bereits 180 Arbeiter und Angestellte, 1853 gründet er eine Zweigfabrik nahe Brüssel. 1880 schließlich, im Jahr der Umwandlung in eine Assoziation, beschäftigt die Fabrik ca. 1500 Arbeiter.

Godin ist also ein äußerst erfolgreicher Fabrikant, und sein Unternehmen wächst im Rahmen des mächtigen Industrialisierungs- und Urbanisierungsprozesses im 19. Jahrhundert.

Industrialisierung und Werkswohnungen für die Arbeiter

Frankreich hinkte – wie Deutschland auch – im 19. Jahrhundert der industriellen Entwicklung hinterher, verglichen mit England, dem Land der rauchenden Schlote und einer fortgeschrittenen industriellen Produktionsweise. Das Land war – und dies bis weit in die erste Hälfte des 20. Jahrhunderts hinein – agrarisch geprägt, die Verstädterung verlief langsam: 1850 lebten erst 19% der französischen Bevölkerung in Städten. Die Industrielle Revolution erfasste Frankreich vor allem in den Jahren zwischen 1830 und 1870 – der Zeit, in der Godin seine Ofenfabrik gründete und aufbaute. Es war die Epo-

---

[4] Fischer, Marie: Das Familistère Godins. Ein Bild sozialer Reform. Hamburg 1890, S. 5.

che für »spektakuläre Gewinne und Reichtum«,[5] Unternehmer wie Godin konnten rasch ein Vermögen erwerben. Die prosperierende Seidenstadt Lyon stand stellvertretend für den wirtschaftlichen Aufschwung im Zweiten Kaiserreich, wenn auch in Frankreich um 1860 die industrielle Produktion mit einem Anteil von 62,5% immer noch durch Kleinbetriebe dominiert wurde. Der Ausbau der Großindustrie hinkte auch durch das Problem der Kohleversorgung hinterher (der Abbau von Kohle in Frankreich war im Vergleich zu England oder Deutschland teuer und aufwendig). Doch wenngleich verzögert, nahm die Großindustrie zunehmend ihren Platz im Wirtschaftsgefüge ein und wuchs z.B. von 1840 bis 1860 um 111,9%.[6]

Jenseits des Rheins steht der Name Alfred Krupp (1812–1887) für diesen Industrialisierungsprozess. Mit Godin hatte Krupp, der aus der Handelsbourgeoisie in Essen stammte, nicht nur das Metier – Gusseisen – gemeinsam, sondern – mit der Bereitstellung von Wohnungen und Sozialeinrichtungen für die Arbeiter seiner Fabriken – auch die paternalistische Fürsorge. Auch auf diesem Gebiet hatte Großbritannien seit Beginn des 19. Jahrhunderts den Vorreiter gespielt, wie Engels anmerkte: »In England ist die Anlage von Arbeiterwohnungen dicht neben jeder großen ländlichen Fabrik, und gleichzeitig mit der Fabrik, die Regel gewesen seit 60 Jahren und mehr«, während dies in Deutschland und Frankreich durch »dieselbe kleinliche Knickerei« nicht sehr verbreitet sei.[7]

Der Hintergrund: In vielen Städten und Fabrikstandorten herrschte während der Industrialisierung durch den Zustrom von Arbeitskräften vom Lande eine große Wohnungsnot – die Arbeitssuchenden stießen sozusagen auf unvorbereitete Kommunen mit unzureichender Infrastruktur. Viele Arbeiterfamilien hausten in erbärmlichen Unterkünften oft auf engstem Raum, die Berliner Mietskaserne mit ihren Hinterhöfen wurde zum Symbol für das Wohnungselend der Arbeiter. Der Werkswohnungsbau ist eine der bürgerlichen Antworten und Reformbemühungen, um diesem Elend abzuhelfen.

---

[5] Caron, François: Frankreich im Zeitalter des Imperialismus 1851–1918. Stuttgart 1991, S. 91.

[6] Braudel, Fernand: Frankreich. Band 3. Stuttgart 1990, S. 336.

[7] Engels, Friedrich: Zur Wohnungsfrage. In: MEGA, Band 24, Berlin 1984 (1872) S. 43.

14

Godin beginnt 1859 mit dem Bau von Wohngebäuden – den vier »Sozialpalästen« – an dem der Fabrik gegenüberliegenden Ufer der Oise. In Essen entsteht ab 1871 die Arbeitersiedlung »Cronenberg«, eine von mehreren »Krupp-Siedlungen«. Diese neuen Werkswohnungen ergänzten die bisherige Unterbringung der Krupp-Arbeiter in der sogenannten Menage – einem Massenquartier für Unverheiratete. Sie sind Ausdruck einer Nachfrage nach qualifizierten Arbeitern und des Bemühens, diese Arbeiter sowohl an das Werk zu binden als sie auch – vor dem Hintergrund einer erstarkenden Arbeiterbewegung – politisch zu befrieden.

Alfred Krupp, der Prototyp des paternalistischen Industriellen, der »seinen« Arbeitern gelegentlich das Essen von Schweineschmalz statt der teureren Butter andiente, brachte das Credo dieser bürgerlich-patriarchalischen Wohnungspolitik auf den Punkt: »Das Politisieren in der Kneipe ist nebenbei sehr theuer, dafür kann man im Hause besseres haben. Nach gethaner Arbeit verbleibt im Kreise der Eurigen, bei den Eltern, bei der Frau und den Kindern. Da sucht Eure Erholung, sinnt über den Haushalt und die Erziehung. Das und Eure Arbeit sei zunächst und vor Allem Eure Politik. Dabei werdet ihr frohe Stunden haben.«[8]

Die im Vergleich mit Berliner Mietskasernen besser ausgestatteten Werkswohnungen in Ein- bis Vierfamilienhäusern im Grünen dienten unter politischen Aspekten neben der Disziplinierung (bei Streik ging man der Wohnung verlustig) auch der Separierung und Vereinzelung der Arbeiter. In den Häusern der Krupp-Siedlung Neu-Westend von 1871 zum Beispiel manifestiert sich das Interesse an einer »Familialisierung« der Arbeiter in den unterschiedlichen Grundrissen der Häuser im Vergleich zu denen des »Alt-Westend« von 1863. Während dort zwei Wohnungen über eine Treppe erreicht wurden, wurde in »Neu-Westend« die wesentlich teurere Variante mit einer Treppe für jede Wohnung gebaut.

Damit wurde die Wohnung – und das Geschoss – als abgeschlossener Privatbereich betont und damit wurden Begegnungen auf der Treppe seltener: »Die doppelte Treppenanlage machte familiare Haus-

---

[8] Alfred Krupp: Ein Wort an die Angehörigen meiner gewerblichen Anlagen. Essen 1877. Zitiert nach Ritter, Gerhard A.; Tenfelde, Klaus: Arbeiter im Deutschen Kaiserreich. Bonn 1992, S. 611.

öffentlichkeit mit ihrer zweifachen Potenz – zu Streit und Solidarität - unwahrscheinlicher.«[9]

Die »moralische Kraft der Familie« zu stärken und den Arbeiter »durch das Grundeigentum zu versittlichen«, waren auch die ideologischen Gründe für die Errichtung der »Arbeiterstadt« in Mühlhausen (»cité ouvrière de Mulhouse«). Ab 1853 entstanden hier reihenweise kleine Wohnhäuser für Arbeiter – bis 1864 waren 692 Häuser gebaut worden. Initiatoren waren Industrielle, die sich angesichts der großen Wohnungsnot in der Textilstadt und angesichts von blutigen Arbeiterunruhen (z.b. 1847 wegen des Brotpreises) zur Gründung einer Baugesellschaft entschlossen hatten. Die Idee, Arbeiterwohnungen zu bauen, fußte auch auf der Lektüre der zeitgenössischen Schrift Henry Roberts über das »Prince Albert Model House«, einem Musterhaus für Arbeiter, das 1851 auf der Weltausstellung in London gezeigt wurde.

Die Siedlung in Mülhausen bestand zu einem großen Teil aus ein- und zweigeschossigen Häusern in Vierergruppen, zu denen jeweils eigene Gärten gehörten. Der Garten sollte einerseits dem Arbeiter Erbauung nach der zwölfstündigen Arbeit in der Fabrik gewähren und setzte andererseits mit seiner Einzäunung auch ein Zeichen für die Privatheit und das Eigentum. Bei jährlichen Wettbewerben wurde das gesamte Privatleben der Bewohner, z.B. die Gestaltung des Gartens, die Reinlichkeit der Wohnung oder die Sparsamkeit der Haushaltsführung, durch die Baugesellschaft (»Société Mulhousienne des cités ouvrières«) prämiert. »Die Gestaltung der ›Privatheit‹ als eines zentralen Charakteristikums der nachbarlichen Beziehung war der Société wichtig, da die Privatleute ihre Arbeiter waren, deren Autonomie zum Gegenstand nur sich selbst haben sollte, aber nicht den wichtigsten Bereich der Gemeinsamkeit der Nachbarn, die tägliche Arbeit.«[10]

Die Arbeitersiedlungen von Krupp wie auch die »Arbeiterstadt« in Mühlhausen sind Beispiele für paternalistische, bürgerliche Konzepte zur Lösung der drückenden Wohnungsfrage. Neben dem un-

---

[9] Führ, Eduard; Stemmrich, Daniel: »Nach gethaner Arbeit verbleibt im Kreise der Eurigen«. Bürgerliche Wohnrezepte für Arbeiter zur individuellen und sozialen Formierung im 19. Jahrhundert. Wuppertal 1985, S. 139.
[10] Ebd. S. 96.

mittelbaren Gebrauchswert der Behausung verkörpern diese Konzepte auch Wertvorstellungen, die so dem Arbeiter nahegebracht werden sollten.

Godin als »utopischer Sozialist«

Die Bereitstellung von Arbeiterwohnungen durch Godin ist also kein Einzelfall, da Werkswohnungen in der zweiten Hälfte des 19. Jahrhunderts eine häufige Begleiterscheinung der Industrialisierung sind, freilich ist die Ideologie, die hinter der »Familistère« in Guise steht, eine gänzlich andere als etwa bei den Krupp-Siedlungen in Essen. Denn die ganze Anlage in ihrer architektonischen Ausgestaltung ist gerade nicht auf die Separierung der Arbeiter, sondern auf deren Assoziation gerichtet. Und hier wird die zweite historische Entwick-

Zeichnung von H. Demare auf dem Deckblatt der Zeitschrift »Les Hommes d'aujourd'hui« (Paris, 1880)

17

lungslinie deutlich, die Godin verkörpert: die Ideen eines »utopischen Sozialismus«.

Durch seine Herkunft aus dem Handwerkermilieu und während seiner Wanderschaft hat Godin am eigenen Leibe von den Mühen des Proletariats erfahren, von den zwölf- bis 15stündigen Arbeitstagen, von Not und Elend der Arbeiter. Sollte er eines Tages diese Lebensbedingungen des Proletariats hinter sich lassen, so werde er die Mittel suchen, um das Leben der Arbeiter zu verbessern und die Arbeit von dem Geruch des Minderwertigen zu befreien, beschreibt Godin später seinen Entschluss zur Errichtung der Familistère.[11] Er versucht, seine lückenhafte Schulbildung zu ergänzen und liest die Werke Rousseaus, Diderots und Voltaires. Nachhaltig beeinflusst aber wird er von der Lehre des Sozialreformers Charles Fourier (1772–1837),[12] die er durch einen Zeitungsartikel kennenlernt. Er abonniert die Zeitschrift »La Phalange«, das Publikationsorgan der »Ecole sociétaire«, einer Schule, die sich mit der Verbreitung der Ideen Fouriers beschäftigt. Fourier war, ebenso wie Robert Owen[13] auf der anderen Seite des Ärmelkanals – und eben später Godin – ein »Frühsozialist«, oder, wie es im marxistischen Sprachgebrauch hieß, ein »utopischer Sozialist«. Utopisch deshalb, weil ihre Vorstellungen von einer idealen Gemeinschaft und von der Aufhebung des Gegensatzes von Arbeit und Kapital nicht auf einer konkreten sozialen Bewegung fußten, sondern einen idealen Endzustand beschrieben. Charakteristisches Merkmal der Frühsozialisten war ihre aus der Aufklärung stammende Überzeugung von der Machbarkeit

---

[11] Vgl. Godin, Jean-Baptiste André: Solutions Sociales. Paris 1871, S. 7.

[12] Charles Fourier wurde 1772 im südfranzösischen Besançon als Sohn einer gutsituierten Kaufmannsfamilie geboren. Auch er soll wie der Vater den Kaufmannsberuf ergreifen und wird schließlich widerstrebend Handlungsreisender einer Firma in Lyon. Nach dem Antritt des väterlichen Erbes 1793 gründet er ein Handelsunternehmen, dessen Waren durch royalistische und girondistische Aufständische beschlagnahmt werden – dies bedeutet seinen Ruin. Danach ist Fourier wieder als Handlungsreisender und in verschiedenen anderen Berufen tätig. 1837 stirbt er nach Jahren der Mittellosigkeit in Paris. Seine utopisch-sozialistischen Ideen entwickelt er u.a. in: »Theorie der vier Bewegungen« (1808); »Theorie der universellen Einheit« (1822) und in »Die neue industrielle und sozietäre Welt« (1829).

[13] Robert Owen, 1771–1858, britischer Unternehmer und Sozialreformer. In New Lanark errichtete er eine Mustersiedlung für die Arbeiter seiner Baumwollspinnerei, 1825 versuchte er, seine Ideen in der Siedlung »New Harmony« in den USA zu verwirklichen. Er gilt als Begründer der Konsumgenossenschaften.

18

der Welt, von der Gestaltungsfähigkeit der Gesellschaft durch eine an den Naturwissenschaften orientierte Vernunft. Dieser Glaube an die Machbarkeit der Gesellschaft verweist auch auf die damals noch nicht gefestigte Dominanz kapitalistischer Strukturen. In dieser Gesellschaft des industriellen und sozialen Umbruchs ist noch Platz für radikale Utopien, wird noch ein Lebensentwurf jenseits des Kapitalverhältnisses gedacht und – ganz pragmatisch – auch angegangen.

Fourier als Vordenker von Godin

Charles Fourier entwarf ab 1808 das Ideal einer Gesellschaft, in der die Spaltung von Produktion und Konsumtion sowie die Arbeitsteilung überwunden sind. Fundament seines Gedankengebäudes ist die schonungslose Kritik der Zustände in einer sich entwickelnden kapitalistischen Gesellschaft. Er geißelt den »fehlerhaften Kreislauf der zivilisierten Industrie« und die »ungeregelte Produktion ohne Gewähr der Verteilungsgerechtigkeit«, die die Reichen reich und die Armen zu Sklaven mache: »Insgesamt 232000 Arme in der Stadt [London, d.Verf.], der großen Heimstätte der Industrie. Frankreich geht diesem Elend entgegen: In Paris sind 86000 Arme bekannt, ebensoviele sind unbekannt. Das Elend der französischen Arbeiter ist so groß, daß in den Bezirken der Großindustrie wie der Picardie, zwischen Amiens, Cambray und Saint-Quentin, die Bauern kein Bett in ihren Erdhütten haben; sie bereiten sich eine Lagerstätte aus trockenen Blättern...«.[14] Er kritisiert den Gegensatz zwischen kollektivem und individuellem Interesse, nach dem der Arzt seinen Mitmenschen Fieber wünscht, der Glaser sich einen gehörigen Hagel, der die Fensterscheiben zerschlägt, und der Staatsanwalt kniffflige Prozesse in jeder Familie: »Jeder Produzent liegt im Krieg mit der Masse der Bevölkerung und ist ihr aus persönlichem Interesse feindlich gesinnt.«[15]

Gegen diesen Krieg aller gegen alle setzt Fourier seine Idee der »Assoziation«, der Vereinigung einer »Masse betriebsamer Familien«, die auf folgenden Bedingungen gegründet werden: Wahrhaftig-

---

[14] Fourier, Charles: Ökonomisch-Philosophische Schriften. Berlin 1980, S. 59. Aus: »Die neue industrielle und sozietäre Welt«, 1829.
[15] Ebd., S. 63.

keit der Beziehungen, Gerechtigkeit der Verteilung, freie Wahl der Dauer, Gattung und Art der Arbeit.[16] »Phalangen« nannte er seine (vor allem agrarisch konzipierten) Produktivgenossenschaften, in denen das Leben kollektiv gelebt werden sollte. Man wohnte in Gemeinschaftshäusern mit öffentlichen Küchen und Speisesälen, die Kinder wurden gemeinsam erzogen. Anders als in der utopischen Gemeinschaft von Robert Owen – von Fourier als »Sekte« tituliert – soll es in der Phalange aber weder Atheismus noch eine Gütergemeinschaft noch die vollständige Auflösung der Ehe geben. Die Assoziation soll vielmehr zur »Religion neigen«, durch die Gewährung von Aktienscheinen an die Arbeiter sowie des Stimmrechts in Wirtschaftsfragen den »Geist des Eigentums anregen« und die Ehe nicht aufgehoben, sondern im Laufe der Zeit verändert und abgestuft werden.[17] Gearbeitet werden sollte nach dem Lustprinzip: An

---

[16] Vgl. ebd., S. 35. Aus: »Die zwei Ziele der sozietären Theorie«, Manuskript 1826.
[17] Vgl. ebd., S. 72. Aus: »Die neue industrielle und sozietäre Welt«, 1829.

*Der Sozialpalast nach der Fertigstellung des Zentralpavillons
und des linken Flügels 1865*

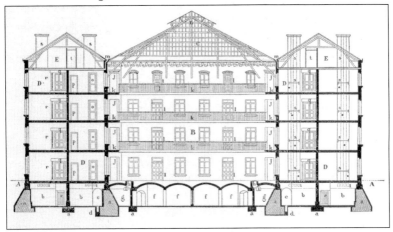

Schnitt durch den Zentralpavillon

einem Tage sollten sieben bis acht unterschiedliche befriedigende Tätigkeiten in unterschiedlichen Arbeitsgruppen ausgeführt werden (vgl. dazu Kapitel Gruppenarbeit und Mitarbeiterdemokratie, S. 73ff.).

Architektur und Städtebau spielten in diesen Konzepten eine zentrale Rolle, da der bebauten Umwelt eine pädagogische und symbolische Funktion zugeschrieben wurde. Die Konzeption, die An- und Zuordnung der Gebäude standen als materielles Substrat für die Ideen kollektiven Wohnens und Arbeitens. Fourier empfand die mittelalterlich geprägten Städte seiner Zeit mit ihren verwinkelten Gassen und unhygienischen Zuständen als »Chaos«, aber auch die von Owen in seinen Stadtentwürfen bevorzugte Form des Quadrats, der »perfekten Monotonie«, stieß bei ihm auf Ablehnung. Er favorisierte hingegen die Großwohnanlage – Phalanstère genannt – die sich mit ihrem zentralen Mittelbau und den beiden symmetrischen Flügelannexen an formalästhetischen Vorbildern des Feudalismus – etwa des Schlosses Versailles – orientiert. Die Phalanstère mit Wohnungen für etwa 1600 Menschen, mit Versammlungsräumen, Höfen, Sälen und Kabinetten stellte sich Fourier als »eine kleine Stadt vor«,[18] deren Elemente durch überdachte Säulengänge und Galerien miteinander verbunden waren. Der »Sozialpalast« sollte z.B. durch eine gemeinsame Großküche ein Haus mit Servicecharakter sein, womit auch ökonomische Vorteile zum Tragen kämen: »Es bestünde nur eine Küche, die die verschiedenen Mahlzeiten vorbereitet, statt daß 300 Feuerstellen von 300 Hausfrauen gewartet werden müßten.«[19] Idealtypisch auf diese Funktion reduziert gesehen, stellt die Phalanstère den Vorläufer des Servicehauses oder Einküchenhauses dar, wie es später in Kopenhagen (Otto-Fick-Haus, 1903), in Stockholm (Sven-Markelius-Haus, 1935), London (Boarding-House »Dolphin Square«, 1938) oder München (»Arabella-Haus«, 1970) gebaut wurde: mit Zentralküchen, Putzdiensten, Läden und anderen Dienstleistungen.[20]

---

[18] Bollerey, Franziska: Architekturkonzeption der utopischen Sozialisten. Alternative Planung und Architektur für den gesellschaftlichen Prozeß. München 1977, S. 121.

[19] Ebd., S. 107.

[20] Zur Entwicklung des Kollektiv- oder Einküchenhauses siehe Mühlestein, Erwin: Kollektives Wohnen gestern und heute. In: archithese, 1975, Heft 14, S. 3-22. Bei den meisten Wohnprojekten stand allerdings weniger das kollektive Leben als die Lösung des »Dienstbotenproblems« im Vordergrund.

So wie sich die Schüler Fouriers in der »école sociétaire« bemühten, seine Theorie zu systematisieren und zu popularisieren, setzte Victor Considérant,[21] ein glühender Bewunderer Fouriers, dessen Idee der Phalanstère in seiner 1840 erschienenen »Description du Phalangstère« graphisch um und entwarf eine Idealansicht.

Fourier wie Owens hofften auf die Wirkung ihrer Ideen, vertrauten auf die Ausstrahlungs- und Überzeugungskraft von real existierenden Siedlungen. Amerika schien die idealen Bedingungen für die Gründung von »Phalanxen« zu bieten, doch mehrere Gründungsversuche von Fourier-Schülern scheiterten: Insgesamt wurde in ca. 40 Experimenten mit einer Lebensdauer von einigen Monaten bis zu 18 Jahren und einer Mitgliederzahl von 24 bis zu 500 Personen versucht, die Ideen Fouriers in die Tat umzusetzen.[22] Die populärsten Versuche stellten die »Brook-Farm« (1843–1847) und die »North American Phalanx« (1843–1856) dar.[23]

Auch Godin, der seit 1843 Mitglied in der »Ecole sociétaire« war, unterstützte 1853 die Gründung einer Phalanxen-Siedlung in Texas mit 100000 Francs, einem Drittel seines damaligen Vermögens.[24]

Die zeitgenössische französische Politik und der Politiker Godin

Die Mitgliedschaft in der »Ecole sociétaire« und sein soziales Interesse führten 1848 zum ersten Auftritt Godins auf der politischen Bühne – er kandidierte auf einer sozialistischen Liste für die Wahlen zur konstituierenden Nationalversammlung.

---

[21] Victor Considérant, französischer Sozialist 1808–1893.

[22] Vgl. Bollerey 1977, a.a.O., S. 140.

[23] Die Brook-Farm in Roxbury, wenige Meilen westlich von Boston, war ein Anziehungspunkt für führende amerikanische Intellektuelle dieser Zeit und hat trotz kurzer Lebensdauer einen festen Platz in der literarischen und sozialpsychologischen Diskussion der USA eingenommen. In seinem Roman »Blithedale Romance« (1852) beschreibt der Schriftsteller Nathaniel Hawthorne seine Erfahrungen auf der Farm. Die »North American Phalanx« war in Red Bank (New Jersey), vierzig Meilen vor New York, angesiedelt. Vgl. dazu Raeithel, Gert: Geschichte der nordamerikanischen Kultur. Band 1: Vom Puritanismus bis zum Bürgerkrieg. Weinheim 1987, S. 400ff.

[24] Vgl. Stauner-Linder, Gabriele: Die Societe du Familistere de Guise des J.-B.A. Godin. Frankfurt a.M. 1984, S. 38.

Jean-Baptiste André Godin
(1817-1888), um 1865

Marie Moret (1840-1908),
seine zweite Frau, um 1885

Frankreich war in der ersten Hälfte des 19. Jahrhunderts nicht nur ein Land der beginnenden Industrialisierung, sondern auch ein Land der Revolutionen. Das reaktionäre Regime Karl X. endete 1830 in der Juli-Revolution, nach Barrikadenkämpfen in Paris dankte der Monarch ab und floh nach England. Die politisch überlegene Partei der Bourgeoisie proklamierte Ludwig Philipp I. zum König, es begann die »goldene Zeit« des Großbürgertums. »Bereichert euch« (»Enrichissez-vous«) lautete der staatliche Ratschlag an das Finanzkapital. Mehrere Aufstände gegen diese Bereicherung wie die Arbeiterunruhen von Lyon 1831 und 1834 wurden vom Militär unterdrückt. Doch nach einer schweren Wirtschaftskrise 1846/1847 sammeln sich die Arbeiter des neuen Proletariats und die Kleinbürger in Paris um den Sozialisten Louis Blanc.[25] Nach dem Verbot von Reformgremien durch die Regierung kommt es schließlich im Februar 1848 erneut zur Revolution. Arbeiter, Studenten und die National-

---

[25] Louis Blanc, französischer Arbeiterführer und Sozialist 1811–1882. In seiner 1839 erschienenen Schrift »L'organisation du travail« forderte er vom Staat die Einrichtung von »sozialen Werkstätten« in Form von Arbeiterproduktionsgenossenschaften.

garde errichten Barrikaden in Paris, erzwingen die Abdankung des Königs und rufen die Republik aus. Godin ist in dieser Zeit in Paris und erlebt den Aufstand: »Ich war nach Paris gekommen, um eine Proklamation zu sehen, und gesehen habe ich eine Revolution.«[26] Blanc wird Arbeitsminister, verkündet das Recht auf Arbeit und die Einrichtung von Nationalwerkstätten zur Versorgung der Arbeitslosen.

Bei den sich anschließenden ersten Nationalratswahlen im April kandidiert Godin vergebens, die bürgerlichen Parteien erhalten die Mehrheit. Nachdem die Nationalwerkstätten wieder geschlossen werden, kommt es im Juni zum Aufstand der Arbeiter. Der Kriegsminister lässt die »rote Gefahr« vom Militär zusammenschießen, man zählt 10.000 Tote. Sozialisten und andere Anhänger sozialer Reformen werden politisch verfolgt und in das Exil gezwungen, darunter 1849 Victor Considérant. Auch bei Godin wird eine Hausdurchsuchung vorgenommen, er entgeht der Ausweisung nach eigener Einschätzung nur, weil man die prosperierende Fabrik nicht führerlos werden lassen will. Die Errichtung des Zweigwerkes 1853 im nahen Belgien als Standbein im drohenden Exil geht auf die Erfahrungen dieser Zeit zurück.

1852 endete durch das Kaisertum Napoleons III. die Zweite Republik. Das folgende Zweite Kaiserreich (1852–1870) ist eine Zeit der wirtschaftlichen Prosperität, an der auch die Fabrik Godins teilhat. Das Wachstum von Industrie und Handel äußert sich in den beiden Weltausstellungen in Paris (1855, 1867) und in der Umgestaltung der Stadt zur Weltmetropole durch Haussmann.[27] Godin ist in dieser Zeit – abgesehen von seinem Stadtratsmandat in Guise seit 1860 – politisch nicht tätig. 1870 allerdings beginnt eine neue politisch aktive Phase für den sozial engagierten Industriellen. In diesem Jahr richtet er einen Appell an die Wähler des Kantons Guise, die ihn auch sehr zum Missfallen der örtlichen konservativen Honoratioren in den »Conseil Général de L'Aisne«, das Regierungsorgan des Departements Aisne, wählen. Doch durch den Ausbruch

---

[26] Zitiert nach Stauner-Linder 1984, a.a.O., S. 37.

[27] Georges Haussmann, 1809–1891, französischer Politiker. Unter Napoleon III. ließ er als Präfekt von Paris die Stadt umbauen. 60.000 Neubauten wurden errichtet, für die Anlage von breiten Boulevards und Parks wurden alte Stadtviertel abgerissen.

des Deutsch-Französischen Krieges im Juli 1870 wird die erste Sitzung am 22. August verschoben. Nach der Schlacht bei Sedan im September und der dortigen Gefangennahme Napoleons III. wird in Paris die Dritte Republik proklamiert. Auf der lokalen Ebene werden nach dem Fall des Kaiserreiches die bonapartistisch dominierten Stadt- und Gemeinderäte aufgelöst und durch republikanische Gremien ersetzt. In Guise wird Godin 1870 zum Bürgermeister ernannt, und er steht auf der republikanischen Liste für die Wahl zur Nationalversammlung. Da Paris mittlerweile von den Deutschen belagert wird und im Januar 1871 kapituliert, wird die Nationalversammlung nach Bordeaux einberufen. Im Februar wird Godin zum Abgeordneten von Aisne gewählt,[28] einen Monat später ereignet sich der Aufstand der Pariser Kommune und seine blutige Niederschlagung.

Als Abgeordneter bringt Godin mehrere Gesetzesvorschläge in die Versammlung ein, darunter einen zur Änderung des Erbrechtes. Darin soll der Staat zum alleinigen Erben bestimmt werden, wenn keine Nachkommen oder Erben festgestellt werden können. Zugleich wird eine Art Erbschaftssteuer vorgeschlagen, deren Erlös dem Aufbau einer Sozialversicherung dienen soll. Auch setzt er sich für die Regelung von Frauen- und Kinderarbeit ein und kämpft für die Anerkennung von Arbeitergewerkschaften. Doch die parlamentarische Arbeit bleibt für Godin letztlich unbefriedigend, da seine Vorschläge keine Mehrheit finden. 1876 verzichtet er auf eine erneute Kandidatur und konzentriert sich auf sein Lebenswerk, die Einrichtung der Assoziation.

Als Godin 1880 seine Assoziation zwischen Kapital und Arbeit ins Leben ruft und damit ein quasi-genossenschaftliches Unternehmen (eine Definition mit vielen Abstrichen, wie noch zu zeigen sein wird) entsteht, ist der politische Zug, in dem sich die Arbeiterparteien befinden, längst in eine andere Richtung unterwegs. Statt der Gründung von Arbeiterbetrieben auf genossenschaftlicher Basis steht für sie die Erringung politischer Macht im Vordergrund. Noch nach der Revolution von 1848 hatte die Genossenschaftsbewegung in

---

[28] Vgl. Marival, Guy: Godin au Conseil Général de L'Aisne (1870–1883). In: Delabre, Guy; Gautier, Jean-Marie: Godin et le Familistère de Guise à l'Épreuve de l'histoire. Reims 1988, S. 173.

Frankreich nicht zuletzt durch staatliche Kredite einen Aufschwung erlebt, die Nationalversammlung hatte eine Summe von 3 Millionen Francs für Neugründungen zur Verfügung gestellt. Allein in Paris gründeten sich 200 Assoziationen; Restaurants, Bäckereien und Fleischerläden wurden als Produktivgenossenschaft geführt.[29] Der Frühling der Produktivgenossenschaften währte indes nur kurz, in der Restaurationsphase nach 1850 werden Genossenschaften vom Staat bekämpft und ihre Gründer und Mitglieder mit Gerichtsverfahren verfolgt.

Doch auch wirtschaftliche Prozesse führen zu einem Niedergang der Arbeiterbetriebe. In der Prosperitätsphase verfügen die Unternehmen über genügend Kapital und Kredit, um die Produktionsanlagen zu modernisieren. Die von jeher kapitalarmen Genossenschaften tun sich hingegen schwer, gegen diese modernisierte Konkurrenz zu bestehen.

Ein tieferer Grund für den Niedergang der Genossenschaftsbewegung aber lag in der veränderten politischen Ausrichtung der Arbeiterbewegung. Aus dem genossenschaftlichen Lager gingen die Arbeiter in großer Zahl zu der sozialistischen Richtung über, die anstatt eigener Arbeiterbetriebe die politische Machtübernahme und gegebenenfalls die proletarische Revolution propagierte. Mit der Bildung der internationalen Arbeiterassoziation 1864 und deren Bekenntnis zum Kommunistischen Manifest wird der Einfluss von Marx und Engels deutlich. Der erste Kongress in Genf 1866 sieht zwar die Genossenschaftsbewegung noch als eine Triebkraft zur Umwandlung der Wirtschaftsordnung, sie allein aber sei nicht imstande, die kapitalistische Gesellschaft umzuformen. Wichtig sei der politische Kampf und die Eroberung der Staatsmacht. Während sich so die Arbeiterparteien revolutionär geben, findet der Genossenschaftsgedanke ab 1880 eine neue Heimstatt in der Partei Clemenceaus.[30]

Godins politisches Denken selbst ist von dem der zeitgenössischen sozialistischen Arbeiterparteien entfernt, er wurzelt in den

---

[29] Vgl. Leifert, Josefa Friederike: Die Entwicklung der französischen Produktivgenossenschaften. Diss. Bergisch-Gladbach 1934, S. 28f.

[30] Georges Benjamin Clemenceau, französischer Politiker 1841–1929, Führer der radikalsozialistischen Linken.

Ideen der Frühsozialisten.[31] Den Kommunismus lehnt er ab, da dieser die Individualität bedrohe; die wahre Gleichheit bestehe darin, jedem seinen Teil entsprechend seinen Bedürfnissen nach zukommen zu lassen.

Ebenso wie Fourier gesteht er dem Eigentum seinen Platz zu, den Klassenkampf und auch die Revolution lehnt er ab (»... der wahre Sozialismus ist nicht revolutionär, er ist gestaltend. Er erstellt Studien und Zukunftspläne und, wenn er in der Regierung Männer fände, die klug genug sind, um die notwendigen Reformen ins Werk zu setzten, dann würde der Sozialismus die Gesellschaft auf evolutionärem, nicht auf revolutionärem Wege erneuern...«[32]). Sein soziales Experiment in Guise realisiert sich somit abseits der Wege der organisierten Arbeiterbewegung, aber auch abseits der bürgerlichen Ideenwelt.

Die Assoziation und die Sozialpaläste von Guise bilden eher einen Ort des verordneten Idylls, als dass sie sich zu einer Schule der Arbeiterbewegung, zu einem intellektuellen und organisatorischen Zentrum mit Ausstrahlungskraft entwickeln. Die politischen (Macht-) Verhältnisse in der Fabrik und der Familistère um 1890 – zwei Jahre nach Godins Tod – schildert eine zeitgenössische Besucherin. Sie erwähnt Berichte über »Unzufriedenheit, ja revolutionären und anarchistischen Elementen« unter den Arbeitern und erhält zur Antwort: »... dieselben werden, wo sie sich zeigen, nicht durch Gewalt unterdrückt, man ermahnt, man überwacht so lange als möglich, drohen sie jedoch dem Gemeinwohl zu schaden, so müssen die Ruhestörer weichen.«[33]

---

[31] Zu den französischen Arbeiterparteien in der zweiten Hälfte des 19. Jahrhunderts siehe Willard, Claude: Geschichte der französischen Arbeiterbewegung. Frankfurt a.M. 1981, S. 63ff.

[32] Delabre, Guy; Gautier, Jean-Marie: Vers Une République Du Travail. Jean-Baptiste André Godin 1817–1888. Paris 2000, S. 112 (Übers. d. Verf.)

[33] Fischer, Marie: Das Familistère Godins. Ein Bild sozialer Reform. Hamburg 1890, S. 39.

Linke Seite: Verordnetes Idyll? Im Vergnügungsgarten der Familistère, Ende des 19. Jahrhunderts

Wohnen als sozialpolitisches Anliegen

Wie bei Fourier und den anderen utopischen Sozialisten auch nehmen in dem politischen und sozialen Gedankengebäude Godins die Vorstellungen über das angemessene Wohnen einen wichtigen Platz ein. Die Wohnung ist tatsächlich eine der ersten Voraussetzungen für das Glück des Menschen, schreibt er in seinen 1871 erschienenen »Solutions Sociales«, den »sozialen Lösungen«.[34] Dieses Glück aber liegt seiner Meinung nach nicht in den alleinstehenden, voneinander isolierten Arbeiterhäuschen wie etwa in der »cité ouvrière«. Diese Kleinhäuser lehnte Godin als unreflektierte Wünsche der Unwissenheit (»désirs irréfléchis de l'ignorance«) ab.[35] Obwohl von ihnen (den Arbeiterhäuschen) behauptet werde, dass durch die Vereinzelung die häuslichen Tugenden gestärkt würden, änderten sie gar nichts, so Godin, an den Lebensbedingungen der Arbeiter: Die Beschwerlichkeit des Familienlebens bleibe erhalten und der Lokalbesuch die einzige Abwechslung im Leben des Arbeiters.[36] Godin lehnte Siedlungen wie in Mülhausen auch deshalb ab, weil sie mit staatlichen Zuschüssen (hier: 200.000 Francs) gefördert wurden und so der Staat Einfluss nehmen könne. Eine »wahre« Reform der Architektur, eine »soziale Architektur« (»l'architecture sociale«) aber könne nur unter der Bedingung der Freiheit und Unabhängigkeit gedeihen.[37]

Die Wohngebäude für die Beschäftigten der Fabrik in Guise entstehen von 1859 bis 1885 am linken Ufer der Oise, und die Inspiration durch die »Phalangstère« Fouriers ist unverkennbar. Allerdings ist Godin mit seiner Familistère – wie auch der Name es schon benennt – den Kollektivwohnungsvorstellungen von Fourier nur zum Teil gefolgt, wenngleich er sich für die Errichtung des »Sozialpalastes« des (verkleinerten) Grundrisses der »Phalanstère« bediente. Die Familie bleibt die soziale Grundeinheit des Wohnmodells. Im Mit-

---

[34] Godin, Jean-Baptiste André: Solutions Sociales. Paris 1979 (1871), S. 51: »Die Wohnung ist in der Tat eines der grundlegendsten Bestandteile des menschlichen Glücks.« (Übers. d. Verf.)

[35] Zitiert nach Bollerey, Franziska: Architekturkonzeption der utopischen Sozialisten. Alternative Planung und Architektur für den gesellschaftlichen Prozeß. München 1977, S. 153.

[36] Vgl. Godin 1979 (1871), a.a.O., S. 98.

[37] Ebd.

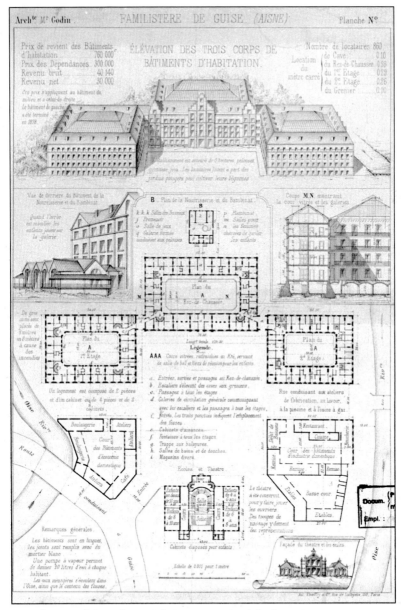

Ansichten und Grundrisszeichungen vom Sozialpalast,
Lithographie aus »Le Génie civil«, 7. Juni 1884

31

Innenansicht einer Arbeiterwohnung in der Familistère 1898

telpunkt dieses Modells steht der »Palais social«, der »Sozialpalast«. Dieses Zentralgebäude hat eine Länge von 65 und eine Tiefe von 40 Metern, die gesamte Vorderfront der Anlage mit den Flügelbauten erstreckt sich über 180 Meter mit »1200 steuerpflichtigen Thüren und Fenstern«.[38] Ebenso wie bei den Flügelbauten dominiert diesen Zentralpavillon ein überdachter Innenhof mit der imposanten Größe von fast 1000 Quadratmetern. Rund um diesen Innenhof mit seinem Glasdach führen bei insgesamt dreistöckiger Bauweise auf drei Etagen Galerien zu den einzelnen Wohnungen – die »galeries internes« der Phalangstère. Erreichbar sind die Galerien über vier Treppenaufgänge in den einzelnen Ecken des rechteckigen Gebäudes. In diesen Ecken befinden sich auch die Wasserleitungen und die Aborte sowie eine Art Müllschlucker: Durch eine Klappe in den Kehrrichtkammern fällt der Abfall hinab in dafür vorgesehene Behälter.

Die Wohnungen selbst sind sowohl auf der Hofinnenseite als auch auf der Gebäudeaußenseite mit Fenstern versehen, deren Größe mit zunehmendem Lichteinfall von unten nach oben abnimmt. Die ins-

---

[38] Fischer 1890, a.a.O., S. 16.

gesamt vier so gestalteten Wohngebäude (ein Wohnblock ohne über-
dachten Innenhof wurde 1885 zuletzt fertiggestellt) enthielten 475
Zwei- und Dreizimmerwohnungen für 1600 Personen – das von
Fourier gedachte Idealmaß der Bewohnerzahl einer »Phalange«.
Godin selbst wohnte im Haupttrakt. Die einzelnen Wohnungen der
Familistère bestehen aus einer Küche und zwei oder drei Zimmern,
teilweise konnten zwei Wohnungen zu einer größeren zusammen-
gelegt werden.

Godin gibt in seinen »Solutions Sociales« ein Größen- und Miet-
preisbeispiel. So kostet eine Wohnung mit Diele, zwei Zimmern (von
ca. je 17qm Größe) und einem Abstellraum mit einer Gesamtwohn-
fläche von 37qm im ersten Stockwerk 10,75 Francs. Die darunter
bzw. darüber liegenden Wohnungen sind günstiger, sie kosten im
zweiten Stockwerk 9,60 Francs und auf der dritten Etage gar nur
8,40 Francs.[39] Geht man von einem durchschnittlichen Tagesverdienst
eines Arbeiters von 5,5 Francs aus (um 1880),[40] dann waren für die
Miete cirka zwei Arbeitstage aufzubringen. Zum Vergleich: Für
Deutschland hieß es 1886, der Arbeiter müsse »zwischen 15 und 30
Prozent seines Einkommens, vielfach ein Viertel und mehr seiner
Gesamteinnahmen, für schlechte, enge und ungesunde Wohnungen
ausgeben«.[41] Dem entsprächen bei einer Sechs-Tage-Woche cirka fünf
Arbeitstage für die Miete. Damit scheint das Wohnen in der Familistère vergleichsweise preiswert gewesen zu sein, was auch *Kuhlmeyer*
noch für die 1950er Jahre beschreibt: »Die Miete ist äußerst niedrig
gehalten und reicht nach unserer Meinung kaum zur Kostendeckung
aus. So werden für die von der Verfasserin besichtigten Wohnungen,
bestehend aus drei Zimmern und einer Küche, nur monatlich 1761
frs bezahlt.«[42]

Unter kommunikativen Aspekten stellt die »Familistère« eine in-
teressante Mischung aus öffentlichem, halböffentlichem und priva-
tem Raum, aus kollektivem Wohnen und familiärer Intimität dar.
Die überdachten Innenhöfe sind ein Raum des Kontaktes und der

---

[39] Vgl. Godin 1979 (1871), a.a.O., S. 348f.
[40] Vgl. Stauner-Linder 1984, a.a.O., S. 117.
[41] Ritter 1992, a.a.O., S. 521.
[42] Kuhlmeyer, Elfriede: Von der Gewinnbeteiligung zum gemeinsamen Eigentum
und zur gemeinsamen Verantwortung. Die Einflüsse der utopischen Sozialisten auf
die Unternehmens-Reformen in Frankreich. Köln 1958, S. 134.

Blick vom Zentralpavillion auf das Theater und die Schulen, 1895

Kommunikation, aber auch ein Raum der gegenseitigen Überwachung. Wer aus der Intimität und Privatheit seiner Wohnung tritt, steht zunächst in einem halböffentlichen Raum. Halböffentlich, da dieser Raum innerhalb der Zone der näheren Nachbarschaft liegt und nicht die Anonymität eines unbeschränkt zugänglichen – eben öffentlichen – Raumes aufweist. Von den Galerien aus ist sowohl der Blick auf das »soziale Ganze« möglich, wie man auch selbst Gegenstand der Blicke anderer ist. Dieser halböffentliche Raum gibt Gelegenheit für eine zwanglose Begegnung, für ein informelles Gespräch im Vorübergehen, es ist ein Raum für den Austausch mit den Mitbewohnern: Die Galerien ermöglichten den häufigen Kontakt mit den Nachbarn, wie sich René Rabaux, Direktor der Assoziation von 1933 bis 1954, erinnert.[43]

Die gesamte Konstruktion der Gebäude ist auf Kommunikation und Austausch hin angelegt – eben auf die Konstitution einer »Assoziation« – und steht so in krassem Gegensatz zu den auf Isolierung und Fragmentierung der Arbeiterfamilien angelegten Werkssiedlungen wie etwa bei Krupp. Der durch sein Glasdach vom Wetter unabhängige Innenhof bietet die sozial-kommunikative Möglich-

---

[43] Vgl. Rabaux, René: Réflexions. In: Godin 1979 (1871), a.a.O., S. XLIII.

34

Orchesterproben im Theater, 1902

keit der Versammlung – hier wurden auch die ersten 1. Mai-Feiern und jeweils am ersten Septembersonntag das »Fest des Kindes« abgehalten. Die Arbeiterklasse habe nirgendwo anders eine so vollkommene Möglichkeit, Feste zu feiern wie in den verglasten Gängen des Palastes, so Godin.[44]

Allerdings profitierte Godin in ökonomischer Hinsicht ebenso wie die Erbauer anderer Werkssiedlungen von der Ansiedlung einer Stammbelegschaft in Fabriknähe, musste doch zu Beginn der Produktion in Guise auf Arbeitskräfte aus den umliegenden Dörfern zurückgegriffen werden, die oft einen stundenlangen Weg bis zur Fabrik zurücklegten. Der prosperierende Betrieb bedurfte ständig neuer Arbeiter, die in der Regel erst angelernt werden mussten, und die Bindung von ausgebildeten Arbeitern an die Ofenfabrik durch die nahen Werkswohnungen stellte einen für die Betriebsführung nicht zu unterschätzenden Vorteil dar. Denn die Fluktuation unter den Arbeitern war zu dieser Zeit erheblich und die Arbeitsdisziplin mäßig. Diese unstete Lebensführung und Arbeitsweise der proletarischen Schichten im Frankreich des 19. Jahrhunderts schildert der französische Historiker *Caron*: »Bis in die achtziger Jahre war diese

---

[44] Zitiert in der Übersetzung nach Bollerey 1977, a.a.O., S. 156.

Die Klasse der Madame Lobjeois in der Schule der Familistère 1899

Mobilität ein Synonym für Instabilität, denn die Arbeiter wechselten je nach Angebot und Nachfrage ihre jeweilige Beschäftigung.«[45]

Der »Palast-Idee« gemäß ergänzte ein Theater den öffentlichen Raum der Familistère. Von Godin auf einer zentralen Achse konstruiert, wurde das Theater 1869 gegenüber dem Hauptpavillon errichtet, rechts und links von zwei Schulgebäuden flankiert. Als ein Tempel der Aufklärung und der Erziehung, als ein »Temple de la Religion, de la Vie et du Travail«, also einer »Religion des Lebens und der Arbeit«, nahm das Theater den Platz einer Kirche ein. Der Theaterraum fasste bis zu 1000 Personen und diente als Versammlungsort der 1880 gegründeten Genossenschaft.

Ebenso wie das »gute« Wohnen oder die soziale Absicherung durch Krankenkassen sah Godin in der Erziehung und Schulung der Kinder und Jugendlichen einen wesentlichen Bestandteil seiner »sozialen Lösungen«. Die von ihm so genannte »vollständige Erziehung« (»Education intégrale«) umfasste mehrere Betreuungsstufen: die

---

[45] Caron, François: Frankreich im Zeitalter des Imperialismus 1851–1918. Stuttgart 1991, S. 87.

Lebensmittelgeschäft im Erdgeschoss des Zentralpavillons 1901

Kinderkrippe für Säuglinge (»Nourricerie«), den Kindergarten für Kinder bis zum vierten Lebensjahr (»Pouponnat«), die Vorschule für die Vier- bis Sechsjährigen (»Bambinat«), die Petite und die Seconde École für Schüler von sechs bis zehn Jahren. In der Première École lernten die Zehn- bis 13-Jährigen, und so genannte »höhere Kurse« waren für besonders begabte Schüler gedacht. Ein kleiner Teil des Unternehmensgewinns war dafür vorgesehen, diese begabten Kinder auf Höhere Schulen und Universitäten zu schicken.

Der Besuch dieser Kinderkrippen, Kindergärten und Schulen war für die Familistère-Bewohner kostenlos, die notwendigen Lehrkräfte und das sonstige Personal wurden von der Assoziation bezahlt. Welchen Wert Godin und die Assoziation der Erziehung beimaßen, lässt sich auch an dem dafür zur Verfügung stehenden Etat ablesen: 1889 betrug der Kostenaufwand für 400 Schüler und 16 Lehrer in der Familistère 33.000 Francs. Die Stadt Guise gab für ihre 800 Schulkinder hingegen lediglich 13.500 Francs aus.[46]

---

[46] Vgl. Axhausen, Günther: Utopie und Realismus im Betriebsrätegedanken. Eine Studie nach Freese und Godin. Berlin 1920, S. 60.

Der Kurzwarenladen im Zentralpavillon, heute Ausstellungsraum, 1901

Die Anlage der »Familistère« umfasste auch mehrere Wirtschaftsgebäude – »les économats« –, in denen ab 1859 ein Restaurant, eine Kollektivküche, eine Bäckerei, eine Metzgerei, ein Milchladen und andere Genossenschaftsläden untergebracht waren. Mit diesen Einrichtungen sollte der Handel als Bindeglied zwischen Produzent und Konsument ausgeschlossen und so die Preise niedrig gehalten werden.

Godin folgte damit Fourier, der in seinen Schriften scharfe Attakken gegen den Handel ritt, dessen Geschäftsgebaren er selbst kennen gelernt hatte.[47] Diese Läden hatten, wie *Kuhlmeyer* aus den

---

[47] »Der Wucheraufkauf ist das widerwärtigste Handelsverbrechen, es greift stets den am meisten leidenden Teil der Industrie an. Wenn eine Verknappung von Lebensmitteln oder irgendwelchen Waren eintritt, liegen die Wucheraufkäufer auf der Lauer, um das Unheil zu verschlimmern, sich der vorhandenen Vorräte zu bemächtigen, Anzahlungen auf die noch ausstehenden Vorräte zu leisten, sie der Zirkulation zu entziehen, durch übertriebene Schilderung der Knappheit und Verbreitung von Befürchtungen, die zu spät als Täuschung erkannt werden, den Preis zu verdoppeln und zu verdreifachen.« (Fourier, Charles: Ökonomisch-Philosophische Schriften. Berlin 1980, S.185). »Ich selbst habe als Handlungsgehilfe solche ruchlosen Taten angeleitet und habe eines Tages zwanzigtausend Zentner Reis, die man

Wäscherei und Schwimmbad, 1910

1950er Jahren berichtet, die Rechtsform einer Konsumgenossenschaft.

Man konnte hier Lebensmittel, aber auch Textilien oder Schuhe einkaufen – zu Preisen, die denen in der Stadt Guise glichen. Allerdings erhielten die Kunden in den Konsumläden eine Art Rückvergütung, die in den besten Jahren 15% betrug.[48] Zu diesen Wirtschaftsgebäuden kamen 1869 am Ufer des Flüsschens Oise eine Badeanstalt und eine Wäscherei hinzu sowie dahinter auf einer Anhöhe zwischen Wohngebäuden und Fabrik ein Garten, der sowohl der Erbauung als auch der Erziehung diente.

---

vor ihrem Verderb mit einem anständigen Gewinn hätte verkaufen können, wäre der Inhaber weniger gewinnsüchtig gewesen, ins Meer werfen lassen.« (Ebd., S. 188).
[48] Vgl. Kuhlmeyer 1958, a.a.O., S. 135.

Feste und Alltag in der Familistère

Hatte Godin auch mit der zeitgenössischen Arbeiterbewegung politisch wenig gemein, so teilt er doch deren Huldigung an die Arbeit. Der wahre Wert der Handarbeit müsse endlich gesehen und gewürdigt werden, der Arbeiter selbst werde mit der Wertschätzung der Arbeit erhöht und könne damit aus den dunklen Tiefen aufsteigen, in die ihn das Bürgertum geworfen habe, und zum Lichte drängen. Die Arbeit, so Godin, werde in Zukunft nicht lediglich nur ein einfaches Mittel sein, um körperliche Bedürfnisse zu befriedigen, sondern vielmehr ein weites Feld, auf dem sich das große Konzert des Geistes, der Herzen und Seelen abspiele, um die Freiheit, die Brüderlichkeit und die Gerechtigkeit auf Erden zu erobern.[49] Die Arbeit ist das identitätsstiftende Moment der Arbeiterklasse, und die Kultur des Proletariats im 19. Jahrhundert ist auch eine Kultur der Huldigung der Arbeit, wie sie etwa bei Festen der deutschen Sozialdemokratie – und eben bei den Festen in der Familistère – zum Ausdruck kam. Godin steht in einer Linie mit zeitgenössischen Einschätzungen, die etwa betonten, die Arbeit sei »die unversiegbare Quelle des Menschentums, der Humanität im Menschen«.[50] Einzig Paul Lafargue, Sozialist und Schwiegersohn Karl Marx', stimmte mit seinem proklamierten »Recht auf Faulheit« in diesen zeitgenössischen Chor nicht ein.[51]

Die Arbeit auf dem real existierenden Felde der Ofenfabrik dauerte um 1880 für die Arbeiter zehn Stunden pro Tag. Als Ausgleich, als Erbauung und Belehrung wurden in der Familistère diverse kulturelle Veranstaltungen gepflegt, von Theatervorführungen über Vorträge – Godin bemühte sich eifrig, den Arbeitern seine Ideen zu erläutern – bis hin zu öffentlichen Musikdarbietungen. So verfügte die Assoziation über ein eigenes Orchester, das im Garten hinter dem Sozialpalast Platzkonzerte darbot, es gab verschiedene Freizeitgruppen wie die Bogenschützen, einen Turner- und einen Fechtverein. Gesellschaftliche Höhepunkte des Jahres aber waren unbe-

---

[49] Vgl. Delabre, Guy; Gautier, Jean-Marie: Vers Une République Du Travail. Jean-Baptiste André Godin 1817–1888. Paris 2000, S. 98.
[50] Ritter 1992, a.a.O., S. 810.
[51] Paul Lafargue, französischer Sozialist 1842–1911, verheiratet mit Laura Marx.

*Auszug der
Kinder aus dem
Zentralpavillon
während des
Kinderfestes,
1903*

*Empfang im Hof
des Zentral-
pavillons, 1900*

*Kleinkinder-
betreuung in
der Familistère*

stritten das Fest der Arbeit am 1. Mai und das Fest der Kinder am ersten Septembersonntag im Innenhof des Zentralpavillons, und beide hatten, wenn auch diskret, die Huldigung der Arbeit zum Thema. Dazu wurden die Galerien mit Lampions, Luftballons und Blumengebinden festlich geschmückt, das Programm bestand aus Musikvorführungen, Ansprachen und Preisverleihungen. *Honegger* merkt in seiner Dissertation an, dass mit der Einrichtung dieser Feste Godin die Schranken der Konvention sehr wirkungsvoll durchbrochen habe: »Diese Familistèrefeste müssen zu Zeiten von einem erstaunlichen Umfang und Pomp gewesen sein. Die ganze Bevölkerung der Siedlung, nebst vielen Gästen, besonders Bewohnern der Stadt Guise – zusammen oft einige Tausend Menschen – erschienen im Feststaat.«[52] Diese Feste wurden mindestens bis in die 1950er Jahre hinein veranstaltet und sind Teil einer versuchten Konstitution von Arbeiterkultur bzw. präziser: einer »Kultur der Arbeit«. Während aber z.B. in der Sowjetunion der 1920er Jahre im Rahmen der Proletkult-Bewegung der Versuch einer neuen Ästhetik gemacht wurde – etwa mit der Aufführung von Konzerten für Fabriksirenen – wurzelten die Familistèrefeste ästhetisch in der bürgerlichen Kultur.

Eines der politisch-sozialen Ziele von Godin bestand in der Emanzipation der Frauen (als Associés hatten sie Stimmrecht in der Generalversammlung und in den Selbstverwaltungsgremien, zur damaligen Zeit keine Selbstverständlichkeit), und dies äußerte sich auch im Alltag der Familistère. Die Organisation der Familistère als Großhaushalt sollte die Frauen von häuslicher Arbeit entlasten, von der Kinderbetreuung über die Einkaufsmöglichkeiten in den »ecomats« bis hin zu den Vorzügen des zentralen Waschhauses.

So befand sich bis zum Ersten Weltkrieg das »Kleinkinderhaus« – die Krippe und das Säuglingsheim – direkt hinter dem Zentralpavillon. Die Mütter konnten dort ihre Kleinkinder beaufsichtigen lassen und während der betrieblichen Arbeitszeit stillen, bis 1876 blieben viele Kinder auch während der Nacht im Kinderhaus.

Die Versorgung mit den Dingen des täglichen Bedarfs war (neben den Läden in den außenliegenden Wirtschaftsgebäuden) auch durch hausinterne Läden im Erdgeschoss des Zentralpavillons gesichert, dort konnten die Bewohner Backwaren, Brennmaterial, Getränke

---

[52] Honegger, Hans: Godin und das Familistère von Guise. Zürich 1919, S. 111.

Das Kleinkinderhaus 1889

oder Fleisch einkaufen, ohne die Großwohnanlage verlassen zu müssen.

Ein weiterer Bestandteil der großbetrieblichen Organisation der Familistère war die zentrale Wäscherei am Flussufer. Dort befand sich eine große Menge an Waschtrögen mit Heißwasserzuleitung, das heiße Wasser kam direkt aus der Fabrik. Baden konnten die Sozialpalast-Bewohner entweder in den Baderäumen im Erdgeschoss der Familistère oder in den Badekabinen neben der Wäscherei. Dort stand auch ein 50 Quadratmeter großes Schwimmbad zur Verfügung, dessen Holzboden für die Kinder angehoben werden konnte.

In der ursprünglichen Konzeption der Großwohnanlage war gleichfalls eine zentrale Küche vorgesehen, und aus diesem Grunde wurden für die älteren Wohnungen keine Küchen eingeplant. Die Arbeiter und ihre Familien sollten sich die zubereiteten Speisen in der Zentralküche abholen, um dann im Familienkreise zu essen. Diese Idee erwies sich aber als Fehlschlag, die einzelnen Haushalte wollten nach ihrem eigenen Geschmack kochen, zudem erwies es sich als unpraktisch, die Speisen von der Küche außerhalb der Wohngebäude in die einzelnen Wohnungen hinaufzutragen.

Die Waschküche um 1899

Zum Angebot der Großwohnanlage gehörten auch medizinische Dienstleistungen: In der Familistère gab es ein spezielles Krankenzimmer und eine Apotheke. Zwei angestellte Ärzte und eine Hebamme kümmerten sich um die Gesundheit der Bewohner.

Für die Feuersicherheit sorgte ein ausgebildetes Feuerwehrcorps mit 40 Feuerwehrleuten und für die Sicherheit in der Nacht ein Nachtwächterdienst, der einen stündlichen Rundgang absolvierte. Ansonsten bestand in der Familistère kein spezieller Ordnungs- oder Sicherheitsdienst, die Disziplin in der Großwohnanlage wurde vor allem durch den moralischen Appell und den moralischen Druck der gegenseitigen Überwachung aufrechterhalten, lag doch die Lebensweise eines jeden Bewohners für alle anderen offen zutage. Als Sanktion genügte oft nur ein Anschlag am schwarzen Brett (ohne Namensnennung).[53]

Von Seiten der Stadt Guise und deren Honoratioren stieß das soziale Experiment Godins auf Skepsis und sogar auf Ablehnung. Traditionell-christliche Kreise sorgten sich um die Moral in den Sozial-

---

[53] Vgl. ebd., S. 85.

Erziehung zur Unmoral? Gemeinsame Gymnastik von Jungen und Mädchen im überdachten Schulhof, 1899

palästen, in denen einige Frauen kurze Haare trugen und die freie Liebe praktizierten. Auch die Koedukation in den Schulen war den Konservativen ein Dorn im Auge. Durch die Einrichtung der Familistère-Läden fürchteten die Einzelhändler in der Stadt um ihren Umsatz, und die Vermieter sahen mit Unbehagen die niedrigen Mieten in den Sozialpalästen. Ein Beispiel für den Boykott der Familistère durch die Stadtverwaltung ist das Verbot einer Tanzveranstaltung im Zentralpavillon am 28. Februar 1865.[54]

Fabrik und Assoziation (Genossenschaft)

Die ökonomische Basis der Verwirklichung der Ideen Godins und somit der »Familistère« bestand in der nahegelegenen Ofenfabrik, die für die Arbeiter durch einen kurzen Fußweg zu erreichen war. Gegründet 1846 am Stadtrand von Guise auf einem Gelände von zehn Hektar, wuchs die Belegschaft der Fabrik von ursprünglich 30

---

[54] Vgl. Brauman, Annick; Louis, Michel: Jean-Baptiste Andre Godin 1817–1888. Paris 1975, S. 215.

Arbeitern auf 1400 Arbeiter im Jahre 1888. Um bei politischer Verfolgung ein zweites Standbein zu haben, errichtete Godin 1853 zudem das Zweigwerk in Belgien nahe Brüssel. In beiden Fabriken wurden Öfen aus Gusseisen und Kaminverkleidungen hergestellt, bekannt wurde der Name Godin als Synonym für einen runden Gusseisenofen, der »le godin« oder »le ronde« genannt wurde. Später wurden auch Küchengeräte, Waschbecken, Badewannen und Beleuchtungsgegenstände produziert. Die großflächige Fabrik mit ihren rauchenden Schloten und die markanten Wohngebäude der »Familistère« beherrschten das bauliche Erscheinungsbild des Städtchens Guise und zeigten so auch die Dominanz des Industriekapitals an. Guise war (mit anderen ideologischen Vorzeichen und im kleineren Maßstab) eine durch Industrie und paternalistische Macht- und Besitzverhältnisse geprägte Stadt wie jenseits des Rheins die Industriestadt Essen. Während sich aber dort der Stahl- und Rüstungsmagnat Alfred Krupp um 1870 auf seinem »Hügel« ein weitläufiges Palais errichten lässt, so die neue Macht des Industriekapitals gegenüber dem in Deutschland von einer Revolution unbelästigten Adel betont und von hier aus auf seine Fabriken und Arbeiter herabsieht, bezieht Godin eine Wohnung in seinem Sozialpalast inmitten seiner Arbeiter. Aber damit nicht genug. In konsequenter Umsetzung seiner politischen Ideen geht er 1880 an die Übertragung der Eigentumsrechte von Fabrik und Wohngebäude an eine Assoziation der Arbeiter.

»Association Cooperative du Capital et du Travail« lautet der Titel dieses Vertragswerkes, das in weiten Bereichen auf die Gründung einer Produktivgenossenschaft hinauslief (allerdings ohne nennenswerte Mitspracherechte für die Arbeiter), das viele später staatlicherseits garantierte soziale Vorsorgemaßnahmen vorwegnahm und das in seiner Gesamtstruktur die paternalistische Handschrift Godins trug.

Die rechtliche Form der Gesellschaft war die einer »Société en commandite simple« mit einem Teil der Fabrikmitarbeiter als Kommanditisten. *Geck* hat die organisatorische Mischform der Assoziation charakterisiert: »Wirtschaftsorganisatorisch gesehen ist die von Godin gestiftete Arbeiterfabrik weder eine kapitalistische Unternehmung mit bloßer Kapital-, Verwaltungs- und Gewinnbeteiligung der Arbeiter, noch eine eigentliche Arbeiterproduktionsgenossenschaft, noch eine Stiftung etwa in der Art der Zeiß-Werke in Jena, trotz einzelner Züge von allen dreien.«[55]

An ein normales kapitalistisches Unternehmen erinnert die hierarchische Struktur und die zentrale Position des Generaldirektors, der selbst im Namen der Firma aufschien: »Société du Familistère de Guise, Association coopérative du capital & du travail, Godin & Co.« hieß die ursprüngliche Firmenbezeichnung. Später wurde der Name des jeweiligen Direktors in den Namen integriert, z.B. lautete er seit 1933 »Ancienne Maison Godin. Familistère de Guise. R. Rabaux & Cie.«

An eine Stiftung erinnert die Assoziations-Verfassung mit ihrer Bestimmung, dass diese Verfassung für die ganze Zeit des Bestehens – zunächst 99 Jahre – nicht verändert werden dürfe.

Genossenschaftlich ist das Prinzip »Ein Mann, eine Stimme« im höchsten Gremium der Assoziation, der Generalversammlung – also unabhängig von der Höhe der gehaltenen Anteile – und die Gewinnaufteilung an die Mitglieder. Die innere Struktur der Gesellschaft wies allerdings gegenüber üblichen genossenschaftlichen Konzeptionen sehr eigenständige Elemente auf, die Godin – nach langer Überlegung und Erfahrungen der Praxis, wie er schilderte – entwickelt hatte (»… l'Association dont je publie aujourd'hui les Statuts n'est pas une œuvre improvisée, c'est le résultat d'une longue expérience«[56]), etwa die Einteilung der Arbeiter in verschieden privilegierte Gruppen.

Die Kapitalübertragung des Vermögens von Godin auf die Assoziation

Bei vielen Genossenschaftsgründungen steht das Problem der Kapitalbeschaffung an erster Stelle. Nicht so bei der Gründung der Assoziation von Guise, da Fabrik, Maschinen, Wohngebäude und Geldkapital bereits existierten und von Godin als Einlage in die Gesellschaft eingebracht wurden. Den Modus der Umwandlung des Privatkapitals in Höhe von 4,6 Millionen Francs in kollektives Kapital beschreibt *Kuhlmeyer*:

---

[55] Geck, L.H.: Das Arbeitergemeinwesen der Ofenfabrik von Godin in Guise. In: Der praktische Betriebswirt. 1936, S. 793.
[56] Godin, J.-B.A.: Mutualité sociale et association du capital et du travail. Paris 1880, S. 4.

Generalversammlung der Associés im Theater: Verlesung des Geschäfts-berichtes durch den Verwaltungsdirektor Louis-Victor Colin um 1898

»Diese Summe brachte Godin in die neu gegründete Komman-ditgesellschaft als Komplementär ein. Seine Arbeiter, die er zu Kom-manditisten machte, verfügten über fast kein Vermögen. Nach Ab-schluß des ersten Geschäftsjahres wurde der auf die ›Arbeit‹ entfal-lene Gewinnanteil nicht ausgeschüttet, sondern in ›Spartitel‹ (titres d'épargne) gewandelt, die Godin nach dem noch zu schildernden Gewinnverteilungsschema der Belegschaft übergab. Die Summe der Spartitel wurde Godin bar ausgezahlt, und seine Anteile verringer-ten sich dementsprechend. Nach 14 Jahren bereits waren seine Ge-sellschaftsanteile (titres d'apport) in ›Spartitel‹ umgewandelt, und das ursprüngliche Kapital der Gesellschaft war in die Hände der Belegschaft übergegangen. Ein Zahlenbeispiel möge diesen Mecha-nismus erläutern:

Im ersten Geschäftsjahr konnte ein Gewinn von rd. 0,43 Millio-nen frs erzielt werden. Von diesem Betrag entfielen auf die Arbeiter rd. 0,25 Millionen frs. Dieser Betrag wurde nicht ausgeschüttet, son-dern in Spartitel gewandelt, die an die Kommanditisten verteilt wur-den (der Rest diente als Kapitaldividende und zur Bildung von Reserven). Durch die Ausstellung dieser Spartitel verminderten sich Godins Anteile um 0,25 Millionen frs, so daß sie 1881 nur noch auf 4,35 Millionen frs lauteten.«[57]

Godin wurde so nach und nach entsprechend der Gewinnbeteiligung der Mitarbeiter ausbezahlt. Beschleunigt wurde dieser Prozess noch durch sein Testament, das er zugunsten der Assoziation machte: Godin hatte 1887 – ein Jahr vor seinem Tode – testamentarisch bestimmt, das die von Erbansprüchen freie Hälfte seines Vermögens – 3,1 Millionen Francs – der Gesellschaft zufallen solle. Die Familie Godin selbst schied 1894 aus der Société aus, als alle Geschäftsanteile Godins zurückgezahlt worden waren.

Um diesen Umwandlungprozess zu verdeutlichen, ist es notwendig, sich die unterschiedlichen Titel zu vergegenwärtigen: Die Sparanteile (»titres d'épargne«) waren eine Gewinnbeteiligung der Arbeiter, während die Gesellschaftsanteile (»titres d'apport«), die Godin zu Beginn auf sich vereinte, nur auf die Gesellschafter, d.h. auf die privilegierte Gruppe der Associés, verteilt waren und auch nur diese über ein Stimmrecht in der Generalversammlung verfügten.

Exkurs: Zum Vergleich – Gründungsbedingungen und Entwicklung der genossenschaftlichen Glashütte in Albi

Die Gründung der Assoziation von Guise war durch das von Godin eingebrachte Vermögen unter sehr günstigen Bedingungen erfolgt. Mit welchen Schwierigkeiten hingegen Arbeiter bei der Gründung einer Genossenschaft konfrontiert waren, macht das Beispiel der genossenschaftlichen Glashütte von Albi deutlich. Das Beispiel wurde seinerzeit ausführlich in der Öffentlichkeit debattiert, da es die »Opferbereitschaft« der Arbeiter zeigte.

1895 traten die Arbeiter der Glashütte von Carmaux (im südfranzösischen Departement Tarn) in den Streik. Ursache war die Entlassung von zwei Gewerkschaftsfunktionären. Nachdem sie vor Gericht Recht bekommen hatten, entschlossen sich die Arbeiter, nicht mehr in die Fabrik zurückzukehren, sondern eine eigene Glashütte im 20 Kilometer entfernten Albi zu gründen. Finanziert werden sollte

---

[57] Kuhlmeyer, Elfriede: Von der Gewinnbeteiligung zum gemeinsamen Eigentum und zur gemeinsamen Verantwortung. Die Einflüsse der utopischen Sozialisten auf die Unternehmens-Reformen in Frankreich. Köln 1958, S. 126f.

das Projekt durch Solidaritätsbeiträge von Arbeitern in ganz Frankreich, auch eine Lotterie wurde ins Leben gerufen. Die Gewerkschaften nahmen zu dem Projekt zunächst eine schwankende Haltung ein, doch dann wurde in Paris eine Kapitalgesellschaft der Arbeiter, eine »Société des Ouvriers«, gegründet. Ziel der Gesellschaft war die Sozialisierung von Produktionsmitteln. Die Arbeiter sollten ihre Spargroschen nicht zur Sparkasse tragen, sondern in der Kapitalgesellschaft anlegen, diese würde damit Anteile von Industrieunternehmen kaufen. Der Kapitalismus sollte sozusagen mit Kapital, mit Arbeiter-Kapital bekämpft werden. Der Widerhall in Arbeiterkreisen blieb jedoch gedämpft. Doch wurde über die Kapitalgesellschaft nun die Glashütte von Albi finanziert, zusammen mit einer großzügigen Spende einer alten Dame konnte das Anfangskapital aufgebracht werden. Zu einem ideologischen Problem wurde jedoch die Eigentumsfrage. Sollte die Glashütte nun Eigentum der französischen Arbeiterklasse (»Verrerie Ouvrière«) oder »nur« der Belegschaft (»Verrerie aux verriers«) sein? Die Entscheidung fiel zugunsten der ersteren Besitzvariante, doch konnte der Notar keinen rechtlichen Rahmen für ein derartiges Kollektiveigentum finden. Schließlich wurden die Gewerkschaften und einige Konsumgenossenschaften als Eigentümer eingetragen.

Die ersten Jahre nach Errichtung der Glashütte 1896 waren für die Arbeiter mit Entbehrungen und Opfern verbunden. Jahrelang wurde nur die Hälfte des Lohnes gezahlt, fast zwei Jahrzehnte lang machte die Glashütte keinen Gewinn. Die Ausstattung war ungenügend und die Produktivität niedrig. Der Verlust durch den Bruch von Flaschen betrug bis zu 25%, während er in der Glashütte von Cermaux bei 4 bis 5% lag.[58] Die Arbeiter fanden sich als normale Lohnempfänger wieder, die Arbeitsdisziplin war nicht sehr ausgeprägt. Direktoren, die versuchten, die Arbeitsdisziplin durchzusetzen, wurden von den Arbeitern abgewählt, denn die Mehrheit der Sitze im Aufsichtsrat wurde von der Belegschaft gestellt. Von 1912 bis 1924 wurde die Glashütte dreimal von den Arbeitern besetzt. Nur mit Unterstützung der Konsumgenossenschaften wurde das Unternehmen mehrmals vor dem Konkurs gerettet.

---

[58] Vgl. Leifert, Josefa Friederike: Die Entwicklung der französischen Produktivgenossenschaften. Diss. Bergisch-Gladbach 1934, S. 70.

Eine spürbare Verbesserung der wirtschaftlichen Situation trat 1933 ein, als die Glashütte die französische Post als Kunden gewann und Isolatoren für die Telegraphenmaste produzierte. Seit 1931 wurde sie bereits als Produktionsgenossenschaft geführt, an der die Gewerkschaften mit 81%, die Konsumgenossenschaften mit 13% und die Belegschaft (166 Genossen und 10 Hilfskräfte) mit 6% beteiligt waren. 30% des Gewinns wurde an die Arbeiter ausbezahlt, 10% gingen an den Faktor Kapital, 20% an einen Entwicklungsfonds und der Rest an verschiedene Sozialfonds.[59] In den 1950er Jahren hatte sich die wirtschaftliche Lage schließlich konsolidiert.

Das Jahr 1985 brachte eine kritische Situation für die Glashütte. Ein Schmelzofen musste stillgelegt werden, und im Rahmen eines Sanierungsplanes öffnete man sich für fremdes Kapital, um die notwendigen Modernisierungsmaßnahmen durchführen zu können. 1993 wurde das Unternehmen in eine Aktiengesellschaft umgewandelt und gehört seit 1998 unter dem Namen »VOA-Verriere d'Albi« zur Saint-Gobain-Gruppe.

Aus dem Vergleich der Gründungsbedingungen zwischen der Assoziation von Guise und der Glashütte von Albi werden die enormen Start- bzw. Kapitalbeschaffungsprobleme bei der Gründung einer Arbeiter-Assoziation deutlich. Erst nach mehreren Jahrzehnten an sozialorganisatorischer und betriebswirtschaftlicher Erfahrung, die von der Belegschaft mit Lohneinbußen teuer erkauft war, gelang die ökonomische Konsolidierung.

Die Dauerhaftigkeit der Assoziation von Godin wiederum ist sicher nicht zuletzt auf den »Startvorteil« eines am Markt etablierten Unternehmens mit einem soliden Kapitalstock zurückzuführen. Das Finale beider Unternehmen allerdings ist ähnlich: Wie auch die Ofenfabrik von Guise endete die Glashütte von Albi als »normaler« privatkapitalistischer Wirtschaftsbetrieb – wenn auch jeweils mit partizipativer Tradition.

---

[59] Vgl. Kuhlmeyer, Elfriede: Von der Gewinnbeteiligung zum gemeinsamen Eigentum und zur gemeinsamen Verantwortung. Die Einflüsse der utopischen Sozialisten auf die Unternehmens-Reformen in Frankreich. Köln 1958, S. 119f.

Badewannenherstellung in der Gießerei der Fabrik 1899

Praktizierter Paternalismus – Die Gremien der Assoziation

Godin hatte für die Transformation seiner Fabrik in eine Assoziation in Arbeiterhand ein ausführliches Regelwerk entworfen, das die künftige Struktur bzw. die Hierarchie im Unternehmen detailliert regelte. An der Spitze der Fabrik stand laut Statut weiterhin eine Art Patron: der *Verwaltungsdirektor* (administrateur-gérant). Er wurde von der Generalversammlung auf Lebenszeit (!) gewählt, war nur in wenigen, ganz bestimmten Fällen absetzbar[60] und verfügte nach dem Gesellschaftsvertrag über eine unumschränkte Machtfülle. Dieser herausgehobenen Stellung entsprach auch das jährliche Salär, das 1880 rund 15.000 Francs betrug (der jährliche Durchschnittsverdienst eines Arbeiters lag bei 1200 Francs). Godin selbst nahm von 1880 bis zu seinem Tode diesen Posten ein.

Der Verwaltungsdirektor konnte Aufgaben an die Mitglieder des *Verwaltungsrates* (conseil de gérance) delegieren, ein 16-köpfiges Gremium, das aus dem Verwaltungsdirektor, zwölf Abteilungslei-

---

[60] Zum Beispiel wenn in zwei aufeinander folgenden Jahren keine Kapitalzinsen ausbezahlt werden konnten. Vgl. Stauner-Linder 1984, a.a.O., S. 105.

tern und drei von der Generalversammlung gewählten Mitgliedern bestand. Seine Funktion war in erster Linie eine beratende, die Tätigkeit der Mitglieder bestand in der Beschäftigung mit technischen Problemen und dem Absegnen von Entscheidungen des Verwaltungsdirektors.

Aus drei von der Generalversammlung gewählten Mitgliedern bestand der *Aufsichtsrat* (conseil de surveillance). Seine Aufgabe bestand darin, die Bücher zu prüfen und die Einhaltung der Bestimmungen des Gesellschaftsvertrages zu überwachen. Diese Kontrollfunktion fiel – den Protokollen zufolge – in der Regel aber immer zugunsten der Unternehmensleitung aus, auch wenn diese in der Generalversammlung kritisiert worden war.[61]

Der *Arbeitsausschuss* (»Syndicat du Travail«) bestand aus 18 Personen und wurde zur einen Hälfte von den Bewohnern der Familistère-Gebäude und zur anderen Hälfte von den Arbeitern gewählt. Der Ausschuss hatte die Interessen der Arbeiter und Angestellten in Fragen des Lohns und der Arbeitsbedingungen zu vertreten.[62] Seine Durchsetzungskraft gegenüber der Firmenleitung aber war durch die Arbeitsordnung des Gesellschaftsvertrages sehr begrenzt: Artikel 67 Absatz 2 sah vor, dass sich der Arbeitsausschuss auf friedlichem Wege mit dem Verwaltungsdirektor einigen musste. Zudem war nach Artikel 77 jede heftige und scharfe Redeführung in den Sitzungen der verschiedenen Gremien verboten.

Die *Generalversammlung* (»assemblée générale«) als zentrales Organ bestimmte den Verwaltungsdirektor und Teile des Verwaltungsrates wie auch den Aufsichtsrat, sie konnte den Gesellschaftsvertrag ändern, nahm Prüfberichte entgegen und bezog Stellung zu allen aktuellen Vorhaben wie dem Bau neuer Gebäude, der Aufnahme von Darlehen und der Errichtung neuer Fabrikhallen. In der Praxis beschränkte sich die Generalversammlung meist darauf, den Jah-

---

[61] Vgl. ebd., S. 108.

[62] Ab 1900 kamen zu dieser gesellschaftsinternen Arbeitnehmervertretung gesetzliche Arbeitnehmergremien hinzu wie 1900 die auf regionaler Ebene arbeitenden und eine Vermittlungs- und Schlichterfunktion ausübenden Arbeitsräte (»Conseils du Travail«), 1945 der dem deutschen Betriebsrat ähnelnde Unternehmensausschuss (»Comité d'entreprise«) und 1946 die Belegschaftsvertreter (»Délégués du personnel«). Vgl. dazu Wenker, Harald: Arbeitnehmermitbestimmung in Deutschland und Frankreich. Frankfurt a.M. 1995, S. 65ff.

resbericht des Verwaltungsdirektors zu bestätigen. Die Generalversammlung befand zudem über die Aufnahme und den Ausschluss von Mitgliedern in ihren eigenen Reihen – den so genannten Associés, eines bevorzugten Teils der Mitglieder der Assoziation.

Denn die Mitglieder waren nach Artikel 9 des Vertrages aufgeteilt in:

1. Associés
2. Sociétaires
3. Participants
4. Intéressés

Hinzu kamen so genannte Auxiliaires, Hilfskräfte, – also Arbeiter, die keine Genossenschaftsmitglieder, sondern bloße Lohnempfänger waren, auch wenn sie von den Sozialversicherungen profitierten.

Die Zugehörigkeit zu einer dieser Mitglieds-Gruppen war über verschiedene Kriterien wie Alter, Beschäftigungsdauer im Unternehmen und bei den Associés auch Höhe des Kapitalanteiles geregelt. Als Associé konnte sich bewerben, wer 25 Jahre alt war, eine Betriebszugehörigkeit von fünf Jahren aufweisen und zudem lesen und schreiben konnte. Die Mitglieder der beiden ranghöchsten Gruppen (Associés und Sociétaires) mussten auch zwingend in den Familistère-Gebäuden wohnen. Da deren Aufnahmekapazität beschränkt war, erweiterten sich diese beiden Gruppen nicht wesentlich. Die Generalversammlung stellten nur die Associés, die dort – wie erwähnt – auch über eine neue Mitgliedschaft in ihrer Gruppe entschieden, über die Aufnahme als Sociétaire oder Participant entschied der Verwaltungsrat.

Dem Genossenschaftsprinzip der Identität entgegengesetzt – »jeder Beschäftigte ist zugleich auch Mitglied« – stellen sich die Gruppen der Intéressés und der Auxiliaires dar. Erstere halten lediglich Kapitaleinlagen im Unternehmen und haben einen Zins- und Gewinnanspruch, ohne jedoch selbst in der Fabrik zu arbeiten. Dies galt z.B. für Beschäftigte, die aus Alters- oder sonstigen Gründen aus der Fabrik ausschieden. Die Auxiliaires stellten eine Gruppe von Hilfskräften dar, die keine Gesellschaftsmitglieder waren und so auch nicht von der Gewinnbeteiligung profitierten, sie erhielten lediglich den Lohn und die »Sozialleistungen«.

Der Maschinenraum der Ofenfabrik, 1899

Gewinnbeteiligung und Leitung

Ein wesentlicher Unterschied zwischen der Godin-Fabrik und »normalen« kapitalistischen Betrieben lag in der Verteilung des Gewinns. Fließt bei letzterem der Nettogewinn in die Taschen der oder des Kapitalbesitzer(s), so wurde in Guise dieser Gewinn auf die drei Faktoren Kapital, Arbeit und Talent aufgeteilt (Talent steht dabei für geistige Fähigkeiten wie Erfindungsgabe). Auch hier folgte Godin seinem Vorbild Fourier, der die Leidenschaft der Habgier – diese könne so schlecht nicht sein, wie die Moralisten meinten, da sie wie alles auf der Welt von Gott stamme – von einer einfachen auf eine »komplexe Stufe« heben wollte: »... kommen wir zum Hauptanliegen, zu der beunruhigenden Aufgabe, bei der Aufteilung der Erträge ins Auge fallende Gerechtigkeit und volle Harmonie walten zu lassen, eine jeden zufriedenstellende Entlohnung gemäß den ihm eigenen drei industriellen Fähigkeiten: *Arbeit*, *Kapital* und *Talent* vorzunehmen.«[63] Mit »komplexer Stufe« meint Fourier den Zusam-

---

[63] Fourier, Charles: Ökonomisch-Philosophische Schriften. Berlin 1980, S. 213. Aus: »Die neue industrielle und sozietäre Welt«, 1829.

menfall der individuellen mit den allgemeinen Interessen, d.h. dass
eine Verteilungsgerechtigkeit den Bestand des ganzen – gewinnbrin-
genden – Projektes (der Phalangstère) garantiert. Der Kapitalbesitzer (Fourier redete nicht dem Gemeinbesitz das Wort, sondern sah
in seinem utopischen Projekt den Kapitalisten, den Arbeiter und
gegebenenfalls den Angestellten – mithin Arm *und* Reich – unter
einem harmonischen Dach) werde nicht zuviel Rendite aus seinem
Kapital herausschlagen, da sonst die anderen zwei Entlohnungsgrup-
pen (Arbeit, Talent) unzufrieden würden und das Ganze in seinem
Bestand gefährdet wäre.[64] Der Arbeiter, der Arme ohne Kapital, hält
sich ebenso mit seinen Forderungen zurück, da auch er von dem in
das Projekt eingebrachten Kapital des Kapitalisten profitiert. Zudem gewährt die Harmonieordnung dem Armen diverse »Glücks-
Chancen«: die Chance zum beruflichen Aufstieg als Meister, die
Möglichkeit des Anlegens eines kleinen Sparvermögens, die Hoff-
nung auf eine bessere Zukunft für die Kinder. Überdies hat er das
Wahlrecht, und in ihm wirkt ein »Eigentumsgeist« – »er kann also
den Reichen gegenüber keine Abneigung empfinden, er kommt mit
ihnen zusammen, er muß ihnen ständig Lob zollen und hofft, ihnen
ebenbürtig zu werden«.[65] Die »vernunftwidrige Raubgier« des Men-

---

[64] Diese Konstruktion der Klassen-Harmonie findet sich auch in der Ideologie
der westdeutschen »sozialen Marktwirtschaft«, der Periode des Klassenkompro-
misses in der Zeit der fordistischen Produktion nach dem Zweiten Weltkrieg wieder: Das Kapital zähmte sanft seinen Gewinnhunger, dafür »versozialdemokrati-
sierte« sich die Arbeiterklasse. Dies geschah allerdings vor dem Hintergrund einer
bis dahin weltwirtschaftlich nie erahnten Prosperitätsperiode und der System-
konkurrenz mit dem Ostblock. Seit beide Bedingungen entfallen, also seit der Wende
1989, ist die Harmonie in den Klassenauseinandersetzungen dahin, mit dem Sieges-
zug des Neoliberalismus werden zunehmend soziale Leistungen abgebaut.
[65] Fourier 1980 (1892), a.a.O., S. 217. Diese Zukunftsvision für den »Kleinen Mann«
entspricht in verblüffender Weise der gesellschaftlichen Situation der westdeutschen
Arbeiterklasse in der Zeit des Wirtschaftswunders: Mit staatlich gefördertem Ei-
gentumserwerb – dem »Häuslebauen«, mit der Bildung von Sparguthaben, seit die
Arbeiterhaushalte 1950 die Schwelle des Existenzminimums überschritten hatten,
mit betrieblichen Aufstiegschancen durch die Beschäftigung von Gastarbeitern in
den niedrigen Lohnklassen, durch die seit den 1960er Jahren sich öffnenden Bil-
dungschancen für Arbeiterkinder. Vgl. hierzu Vester, Michael u.a.: Soziale Milieus
im gesellschaftlichen Strukturwandel. Köln 1993; Mooser, Josef: Abschied von der
»Proletarität«. Sozialstruktur und Lage der Arbeiterschaft in der Bundesrepublik
in historischer Perspektive. In: Conze, Werner; Lepsius, R.M. (Hrsg.): Sozialgeschichte der Bundesrepublik Deutschland. Stuttgart 1983, S. 143-186; Mooser, Josef: Arbeiterleben in Deutschland 1900-1970. Frankfurt/M. 1984.

schen, die Habgier – also sein Eigeninteresse – wird bei Fourier durch den Verweis auf das gewinnbringende Ganze, durch den Anreiz »kollektiver Interessen«, neutralisiert.[66]

In der Godin'schen Assoziation der Verbindung von Kapital und Arbeit sah die Gewinnausschüttung folgendermaßen aus: 25% des Gewinns gingen zunächst an einen Reservefonds, bis dieser die Höhe eines Zehntels des Gesellschaftskapitals erreicht hatte. 50% bzw. bei gefülltem Reservefonds 75% des Gewinns gingen zu gleichen Teilen an die Faktoren Kapital und Arbeit, wobei auf einen Franc gezahlten Lohnes die gleiche Dividende kam wie auf einen Franc gezahlten Zinses. Die Gesellschaftsmitglieder erhielten demnach entsprechend ihres Lohnes und ihrer Mitgliederstellung einen Gewinnanteil in Form von Anteilscheinen – den »Spartiteln« –, dieses Kapital verblieb in der Assoziation. Die Kapitaldividende, die auf Basis der Zinsen berechnet wird, wurde hingegen in bar ausbezahlt. Hinzu kam noch der schon vor der Aufteilung des Gewinns verteilte 5-prozentige Kapitalzins auf die bestehenden Einlagen.[67]

Insgesamt zeigte sich, dass bei der Verteilung des Gewinns aufgrund der Orientierung an der Lohnsumme dem Faktor Arbeit das größere Gewicht zukam: »Durch diese Berechnungsmaßstäbe erfolgte eine starke Zurückdrängung des Kapitals bei der Gewinnaufteilung zugunsten des Faktors Arbeit.«[68] *Kuhlmeyer* gibt einen Überblick über die von 1880 bis 1936 jeweils an die Faktoren Arbeit und Kapital ausgezahlte Gewinnsumme, wie in Tabelle 1 dargestellt.

Tabelle 1: Verteilung des Gewinns auf Arbeit und Kapital 1880–1936[69]

Lohnanteil		Kapitalanteil	
Löhne	398.532.957 frs	Zinsen	19.720.491 frs
Lohndividende	76.115.423 frs	Kapitaldividende	1.992.513 frs
Summe	474.648.380 frs		21.713.004 frs

[66] Vgl. Fourier 1980, a.a.O., S. 217.

[67] Die Mitgliederstaffelung vom Intéressé bis zum Associé schlug sich auch in der Gewinnverteilung nieder, der Jahresverdienst der Associés wurde z.B. bei der Berechnung des Gewinnanteils doppelt angesetzt. Vgl. Stauner-Linder 1984, a.a.O., S. 103.

[68] Ebd., S. 102.

[69] Kuhlmeyer 1958, a.a.O., S. 130.

Danach entfielen auf den Faktor Kapital nur 4,57% der Summe, die der Faktor Arbeit erhielt.

Dem Faktor Talent – den besonderen Fähigkeiten einzelner Mitarbeiter – wurde in den Statuten von Godin mit 25% des Gewinns ein nicht unerheblicher Teil zugebilligt, den allerdings der Verwaltungsdirektor (4%), der Verwaltungsrat (16%) und der Aufsichtsrat (2%) größtenteils unter sich aufteilten. 2% sind demgegenüber für besondere Auszeichnungen (Prämien für Arbeiter) und 1% für Ausbildung vorgesehen.

Neben der Gewinnbeteiligung stellte der Lohn für die tätigen Gesellschaftsmitglieder die normale Einkommensquelle dar, wobei die Ungleichheit der im Unternehmen gezahlten Löhne auffallend war. Eine Ungleichheit, die von Godin gewollt war, zweimal (1862, 1881) lehnte er einen Antrag der Arbeiter auf Schaffung gleicher Löhne ab.

»Erziehung« und Widerstand der Arbeiter

Die Konzeption des »Vertrages zwischen Kapital und Arbeit« von Godin zeigt unübersehbar die paternalistische Handschrift des philantrophischen Fabrikanten, der den Arbeitern zugeneigt ist, sie an die von ihm geschaffene Modellwelt anpassen – erziehen – will, letztendlich aber der Arbeiterklasse nicht über den Weg traut. Diese französische Arbeiterklasse aus der Mitte des 19. Jahrhunderts, die sich aus den verschiedensten sozialen Milieus speist – Landarbeiter, kleine Bauern, Handwerker, Tagelöhner – hat die Arbeitsdisziplin der Industrie noch nicht in dem Maße verinnerlicht, wie sie die Produktionsabläufe angeblich erfordern. Nicht nur das Eisen soll in den Gießereien geformt werden, sondern auch die Menschen, die dort arbeiten. »Disziplin und Pünktlichkeit« sind nicht umsonst die Tugenden, die etwa der »Stahlbaron« Alfred Krupp von »seinen« Arbeitern zuallererst forderte. Die biologische Zeituhr der Menschen musste an die rationale Zeit technischer Arbeitsvorgänge erst angepasst werden, dem »undisziplinierten« Volk, das sich vorindustriell noch dem Nachmittagsschlaf auf dem Felde oder dem wöchentlichen Trunke hingab, musste die Bereitschaft zum 10-, 12-, oder 16-Stunden-Arbeitstag erst beigebracht werden. So legte Godins Arbeitsverordnung fest, dass die Löhne alle 14 Tage nach alphabetischer Namensliste dienstags und freitags ausbezahlt wurden. Man wollte damit das weitverbreitete »Blaumachen« nach heftigem Trinken am Zahltag unterbinden.

Das von Godin ausgearbeitete Vertragswerk der »Association« fußte neben seinen theoretischen sozialen Ideen vor allem auf seinen praktischen Erfahrungen, darunter den Erfahrungen mit den Arbeitern seiner Fabrik. Diese agierten keineswegs immer im Sinne der Wohltaten, die ihnen Godin angedeihen lassen wollte.

Bereits kurz nach Verlegung des Betriebes nach Guise hatte Godin damit begonnen, Hilfskassen für die Arbeiter einzurichten. 1846 wurde die erste Hilfskasse für den Krankheitsfall der Arbeiter eingeführt, diese wurde 1860 als Krankenkasse umorganisiert und 1867 zu einer Familienkrankenkasse erweitert. 1870 wurde eine »Arzneimittelkasse« zur Finanzierung von Medikamenten und 1872 eine Hilfskasse für Invalide, Witwen und Waisen geschaffen. Die Führung dieser Kassen hatte Godin in die Hände der Arbeiter gegeben, um sie so auf eine Selbstverwaltung im Unternehmensbereich vorzubereiten.

Doch wurde »auch noch in den [18]70er Jahren Godin großes Misstrauen von der Arbeiterschaft entgegengebracht«,[70] die nicht an den Wert der von Godin bereits 1873 herausgegebenen Gewinnbeteiligungsscheine glaubte, sondern diese in die Oise warf.[71] Die endgültige Vertragsform mit ihren autoritären Strukturen ohne wirkliche Mitbestimmung der Arbeiter sei gewissermaßen, so die »offizielle«, weil Godin'sche Lesart, durch die »Unreife« der Arbeiter erzwungen worden: »Seit 1867 hatte Godin versucht, die Arbeiter der Fabrik dazu zu bewegen, durch Wahlen Vertreter zu bestimmen, die Verwaltungstätigkeiten ausüben bzw. Entwürfe für eine demokratische Leitung des Betriebs ausarbeiten sollten. Wähler und Gewählte ergingen sich aber nur in Streitereien und Rivalitäten, so daß sich Godin schließlich zu der Leitungsstruktur des Vertrages von 1880 entschließen *mußte* (Herv. d. Verf.), die einem Verwaltungsdirektor die gesamte Leitungsfunktion übertrug...«[72] Freilich ist eine demokratische Struktur mit dem Aushandeln von unterschiedlichen Meinungen und Interessen, mit dem schwierigen Weg der Konsensbil-

---

[70] Stauner-Linder 1984, a.a.O., S. 56.
[71] Vgl. ebd. S. 57.
[72] Ebd.

Produktstolz: Arbeiter der Ofenfabrik Godin, 1899

dung diametral einer hierarchischen Befehlsstruktur, in der jede »heftige Redeführung« untersagt ist, entgegengesetzt. Dass die Arbeiter durchaus »Entwürfe« lieferten und ihre Interessen artikulierten, zeigt die erwähnte zweimalig vorgetragene Forderung nach Angleichung der Löhne. Entgegen der Mär von der »Unreife der Arbeiter«, die bis heute durch die Literatur geistert und sich dort endlos fortsetzt, zeigte *Émue*, dass es eben die Forderung der Arbeiter nach der Gleichheit der Löhne war, die sich in den innerbetrieblichen Wahlen zeigte und die an die Grenzen der Godin'schen »Demokratie« stieß (»Es waren immer die am schlechtesten Bezahlten, die durch die Wahlen ernannt wurden.«[73]).

Dem Modell der »Familistère« als auch der Betriebsverfassung der Godin'schen Fabrik unterlag eine mehr oder weniger offen zu Tage tretende Substruktur, die einem zentralen Anliegen Godins, der »Erziehung« der Arbeiter, diente. Sowohl dem Wohnen in der Familistère wie der Mitgliedschaft in der Assoziation als auch dem bloßen Beschäftigungsverhältnis lagen jeweils umfassende Regelwerke mit Vorgaben und Strafen für Verstöße gegen diese Regeln zu-

---

[73] Übers. d. Verf. nach: Émue, Max: La grève du Familistère de Guise. In: La revolution prolétarienne vom 15.2.1930, S. 3.

grunde. Der Sozialpalast hatte so neben dem Zwecke der Versorgung auch die »développement moral des habitants« (Arbeitsverordnung Artikel 89 Absatz 1) zum Ziele. Dieser »moralischen Entwicklung« diente die rund 100 Punkte umfassende Hausordnung und die gegenseitige Überwachung ebenso wie auch das Theater und der Garten der »Erziehung« dienten. *Fischer* schildert in ihrem Besuchsprotokoll von 1890, wie diese Überwachung funktionierte und die Gebote der Familistère von den Kindern internalisiert wurden. Sie beobachtet spielende Kinder im Garten und ist darüber erstaunt, dass die Kinder den Verlockungen von reifen Erdbeeren an den Sträuchern des Gartens scheinbar mühelos widerstehen und erhält zur Antwort: »Das ist die Macht der Gewohnheit, die Kinder wachsen mit dem Bewußtsein auf, daß sie stets beobachtet sind, daß sie nichts nehmen dürfen, was ihnen nicht gehört, und diese Gewohnheit, nur das Erlaubte zu thun, hält sie auch in späteren Jahren auf dem Pfade des Rechts.«[74]

Innerhalb der Fabrik waren laut Arbeitsordnung Strafgelder für diverse Vergehen vorgesehen. Gezahlt werden musste für nicht bewilligten Urlaub, für Fernbleiben von der Arbeit, für Zuspätkommen (Artikel 62 der Arbeitsordnung). Auch Gewaltakte, Beleidigungen, Streitereien und Beschädigungen wurden mit Strafgeldern, die allerdings nicht der Unternehmensleitung, sondern den Hilfskassen zugute kamen, geahndet (Artikel 64).

Das Vier-Klassen-System der Mitgliedschaft vom Intéressé zum Associé schließlich glich einem Aufstieg von einer Art niedrigeren zur höheren moralischen Stufe: »Godin glaubte, daß in dem langsamen Durchlaufen der verschiedenen Mitgliederstufen und dem damit verbundenen Lernprozeß die Gewähr dafür liege, daß ein Höchstmaß an Interesse an den Belangen der Gesellschaft entwikkelt werde.«[75] Die Bedingung für die Aufnahme in eine dieser Gruppen war u.a. ein einwandfreier Lebenswandel. Trunksucht hingegen, Unsauberkeit der Wohnung, Unpünktlichkeit bei der Arbeit oder die Weigerung, seine Kinder zum Unterricht in eine der Schulen der Gesellschaft zu schicken, führten zum Ausschluss aus der Assoziation.

---

[74] Fischer, Marie: Das Familistère Godins. Ein Bild sozialer Reform. Hamburg 1890, S. 37.
[75] Stauner-Linder 1984, a.a.O., S. 91.

Angesichts dieser doch auch sehr den Privatbereich berührenden Verhaltensvorschriften stellt sich die Einschätzung von *Stauner-Linder*, »weitergehende Anforderungen an das Verhalten der Beschäftigten, insbesondere im Privatbereich, wie sie z.B. in einigen deutschen Unternehmen dieser Zeit aufgestellt worden waren, hat es bei der Gesellschaft in Guise nicht gegeben«,[76] als verharmlosend dar. Zeitgenössische Kritiker sprachen von der Familistère auch als »Kaserne«, und der Schriftsteller Émile Zola bemängelte nach seinem Besuch die Kontrolle, aber auch das fehlende »Abenteuer« des Lebens: »Ein Haus aus Glas; Misstrauen gegen den Nachbarn; kein Alleinsein; keine Freiheit ... Ordnung, Regeln, Komfort, ja; aber der Wunsch nach Abenteuer, nach Gefahren, nach einem freien, ungebundenen Leben?«[77] Dieses »freie Leben« bestand für den Arbeiter des 19. Jahrhunderts freilich vor allem in der Wahl zwischen den Fabrikherrn und den unterschiedlichen Slums der Arbeiterbevölkerung, der bürgerlich-liberale Horizont blendete schon damals gerne die realen Existenzbedingungen der arbeitenden Klassen aus.

Wie auch bei der Errichtung von Werkswohnungen steht Godin mit seinen Erziehungs- und Disziplinierungsmaßnahmen nicht alleine, sondern diese sind ein weiteres zeitgenössisches Phänomen der Industrialisierung. In Deutschland drohte beispielsweise die Firma Heinrich Frank Söhne in Halle ihren Arbeitern mit »sofortiger Entlassung«, wenn sie sich der Trunkenheit, Sittenlosigkeit, der Lüge oder der Aufwiegelung schuldig machten.[78] Der »Kampf« gegen die »Haltlosigkeit« der meist vom Lande zugewanderten Proletarier mittels einer Arbeitsordnung mit empfindlichen Geldstrafen durch die Betriebe ist im 19. Jahrhundert der industrielle Normalfall.

Die Godin'sche Ofenfabrik – ein Vorläufer der »atmenden Fabrik«?
Sehr modern, wenn auch mit sozialpolitisch negativer Konnotation, mutet heute das innerhalb des Genossenschaftswesens umstrittene, wenn auch weitverbreitete Phänomen der Teilung der Arbeiterschaft in Mitglieder und Hilfskräfte bei Godin an. Die Mitglieder-Arbeiter

---

[76] Ebd., S. 120.

[77] Perrot, Michelle: Geschichte des privaten Lebens Bd. 4. Von der Revolution zum Großen Krieg. Frankfurt a.M. 1992, S. 378. Zola benutzte seine Aufzeichnungen über die Familistère für seinen Roman »Travail« (1901).

[78] Vgl. Ritter 1992, a.a.O., S. 401.

Badewannenemaillierung, 1896

stehen für einen privilegierten Teil der Belegschaft, der am Gewinn und am Eigentum beteiligt wird, über mehr Arbeitsplatzsicherheit und Mitspracherechte verfügt. Dieser Arbeitnehmer »erster Klasse« verhält sich aufgrund der Privilegien in der Regel auch loyal gegenüber der Unternehmensführung.

Diesem Arbeitnehmertypus steht die Hilfskraft gegenüber, der »Auxiliaire«. Als gewöhnlicher Arbeiter erhält er Lohn und gegebenenfalls auch Sozialleistungen, hat aber auch die geringste Arbeitsplatzsicherheit. In postfordistischen Begriffen würde man heute bei den Mitglieder-Arbeitern von der qualifizierten Stammbelegschaft sprechen, um die herum (heute zunehmend in Zulieferbetrieben) mehr oder weniger prekäre und unsichere Arbeitsplätze gruppiert sind. Die Arbeiter an diesen Arbeitsplätzen werden gemäß dem Bilde der »atmenden Fabrik« bei schlechter Auftragslage »ausgeatmet« – sprich: entlassen –, um bei wirtschaftlicher Prosperität wieder eingestellt zu werden. Unabhängig von modernen Begrifflichkeiten aber lag der »Einführung« der Arbeitsgruppe der Hilfskräfte bei Godin im 19. Jahrhundert die gleiche unternehmerische Rationalität wie heute zugrunde: »Was Godin zur Zulassung von Hilfskräften veranlaßte, waren praktische Gründe. Er rechtfertigte diese Gruppe damit, daß die Gesellschaft einen gewissen Handlungsspielraum brau-

Tabelle 2: Verhältnis von Assoziations-Mitgliedern zu Hilfskräften[79]

Jahr	Mitglieder	Hilfskräfte
1880	608	911
1900	1000	700
1910	1300	950
1930	1600	800
1960	1000	280

Tabelle 3: Verhältnis von aktiven Mitgliedern zu den Hilfskräften in französischen Genossenschaften 1908-1914[80]

Jahr	aktive Mitglieder	Hilfskräfte
1908	3290	3782
1910	7665	6737
1912	6609	7175
1914	6632	8009

che, der es ihr erlaube, insbes. in Krisenzeiten Personal zu entlassen, andererseits aber die fähigsten Arbeiter zu halten.«[81] *Axhausen*, der von den Godin'schen Mitgliedsgruppen als einem eigenen »Kasten-« bzw. »Klassensystem« sprach, kritisierte dabei vor allem die Situation dieser Hilfskräfte: »Alle seine theoretischen Erwägungen scheiterten an der Wirklichkeit, an der Notwendigkeit, je nach wirtschaftlicher Lage einen gewissen bedeutenden Bestandteil von Arbeitern (bis zu zwei Fünftel) zu haben, die er als Minderberechtigte entlassen kann. Zweifellos liegt hier der Grund zu einer Spaltung der Arbeiterschaft...«[82]

Die Zahl dieser Hilfskräfte lag in der Fabrik zu Guise über Jahrzehnte hinweg bei ca. 800, erst in den wirtschaftlich sehr schwierigen 1960er Jahren, die dem Ende der Assoziation vorangingen, sank sie rapide ab (vgl. Tabelle 2).

Das zahlenmäßige Verhältnis zwischen Arbeiter-Mitgliedern und Lohnarbeitern in der Godin'schen Fabrik war im Übrigen keine be-

---

[79] Stauner-Linder 1984 a.a.O., S. 96f. Nach Axhausen betrug die Zahl der Hilfskräfte 1880 sogar 1133. Vgl. Axhausen 1920, a.a.O., Anlage IV.

[80] Leifert, Josefa Friederike: Die Entwicklung der französischen Produktivgenossenschaften. Diss. Bergisch-Gladbach 1934, S. 63.

[81] Stauner-Linder 1984, a.a.O., S. 95.

[82] Axhausen, Günther: Utopie und Realismus im Betriebsrätegedanken. Eine Studie nach Freese und Godin. Berlin 1920, S. 89.

sondere Erscheinung, sondern entsprach im Allgemeinen den Verhältnissen in französischen Produktionsgenossenschaften, betrachtet man jedenfalls den Zeitraum um 1910. Nach den Angaben von *Leifert* stand in den Genossenschaftsbetrieben ungefähr die gleiche Anzahl an aktiven Mitgliedern den Hilfskräften gegenüber (siehe Tabelle 3).

Allerdings war es den Hilfskräften bei Godin möglich, nach einem Jahr Beschäftigungsdauer im Unternehmen und mit Erreichen des 21. Lebensjahres in die unterste Mitgliedergruppe der Participants einzurücken. Die Assoziation als Ganze war also offen für neue Mitglieder und vermied die Tendenz mancher Genossenschaften, sich nach unten und gegen neue Mitglieder abzuschotten. Eine Abschottung nach unten erfolgte in Guise eher durch die Associés, die Gruppe mit den meisten Privilegien. Nicht nur bestimmte diese Gruppe über die Rekrutierung neuer Mitglieder, sondern ihre Zahl war auch durch das Wohn-Gebot im Sozialpalast sozusagen physisch eingeschränkt.

Eine geschlossene Gesellschaft – die Elitegruppe der Associés

Die Associés verfügten gemäß den Statuten der Assoziation über eine ganze Reihe von Vorteilen gegenüber den anderen Arbeitern und Angestellten: Sie hatten die größte Arbeitsplatzsicherheit, sie hatten die leichteren Arbeitsplätze, sie bekamen den doppelten Dividendenanteil, sie verfügten als einzige über ein Stimmrecht in der Generalversammlung und ihre Kinder genossen die interne Schulausbildung. Bis 1900 wuchs der Anteil der Associés an der Gesamtzahl der Mitglieder, danach blieb die Gruppe etwa gleich groß (1905 betrug ihre Zahl 365 und diese Größenordnung wurde mit leichten Schwankungen beibehalten).

Dies hing auch direkt mit dem im Statut verankerten Wohnrecht bzw. der Wohnpflicht in der Familistère zusammen. Da ab 1885 keine neuen Wohngebäude mehr errichtet wurden, war die Zahl der Associés automatisch begrenzt, zumal deren Familienangehörigen nach dem Tode des Mitgliedes weiter dort wohnen konnten. So galt ab den 1920er Jahren der Sozialpalast unter den jüngeren Arbeitern auch als ein »Palast der Witwen«. *Pinol* hat für den Zeitraum von 1911 bis 1926 die Gruppe der Familistère-Bewohner (die sich hauptsächlich aus Associés zusammensetzt) mit der Gruppe der Nicht-

Ausstellungsraum in der Fabrik, 1899

Bewohner verglichen.[83] Dabei zeigt die Statistik, dass 1926 unter den Bewohnern des Sozialpalastes mehr ältere Menschen sind als in der Vergleichsgruppe, bei den über 60-Jährigen z.B. 18% gegenüber 9%. Diese Tendenz macht sich auch in der Geburtenrate bemerkbar, sie liegt im Sozialpalast (1926) mit 11,4 Promille deutlich unter dem französischen Landesdurchschnitt von 18,8 und mehr als die Hälfte unter der von Guise mit 25,5.[84]

Eine andere Tendenz besteht in dem sozialen Aufstieg der Bewohner des Sozialpalastes, gemessen an der beruflichen Stellung. So arbeiteten 1911 nur 14,7% der aktiv im Berufsleben stehenden Familistère-Bewohner in der Gießerei, an deren Arbeitsplätzen aufgrund der Hitze des glühenden Eisens eine hohe körperliche Belastung herrschte (Nichtmitglieder: 54,5%). 1926 waren es nur noch 9,7% (41,5%). Dafür hatte sich die Zahl der Angestellten von 19,3% auf 23% erhöht (Nichtbewohner: 4,0 zu 3,8%).[85] Die Familistère-Bewohner konnten also ihre berufliche Stellung in der Fabrik ver-

---

[83] Vgl. Pinol, Jean-Luc: L'Association du Familistère: Des Projets du Fondateur aux Pratiques des Associés. In: Delabre, Guy; Gautier, Jean-Marie: Godin et le Familistère de Guise à l'Épreuve de l'histoire. Reims 1988, S. 161–171.

[84] Ebd., S. 164.

[85] Ebd., S. 168.

bessern, während die Arbeitsplätze am unteren Ende der sozialen Leiter zunehmend von den Nicht-Bewohnern eingenommen wurden.

Parallel zu dieser sozialen Aufstiegsbewegung machte *Pirol* eine soziale Schließung bzw. Beständigkeit der Gruppe der Familistère-Bewohner aus. In ihr finden sich im Vergleich von 1926 zu 1911 86 % der Jahrgänge 1872–1881 wieder, bei der Vergleichsgruppe hingegen nur 46 %.[86]

Die Gruppe der Associés bzw. Familistère-Bewohner stellt so eine elitäre Minderheit unter den Beschäftigten der Fabrik dar, eine Minderheit, die 1926 zu einem Drittel aus Angestellten und leitenden Angestellten besteht. *Pinol* kommt zu der Schlussfolgerung, dass diese Gruppe das interne Gleichgewicht in der Fabrik störte und ihre Abschottung vor allem auf dem Willen, die Privilegien an die Kinder weiterzugeben und dem fehlenden Neubau von Sozialpalästen beruhte. Die abnehmende Kinderzahl wiederum ist eine Folge des sozialen Aufstieges. Die Konsequenz daraus ist paradox, so *Pirol*: Der Erfolg der ursprünglichen Absicht Godins – durch das Leben in der Familistère das soziale Leben der Bewohner zu heben – habe aufgrund des Ausbleibens einer nationalen und internationalen Verbreitung seiner Idee zum Scheitern der Assoziation geführt. Denn diese lasse sich nicht mit nur einer einzigen Familistère auf die Dauer realisieren.

Der Streik von 1929

Die Teilung der Arbeiterschaft in privilegierte Mitglieder (die in sich wiederum unterteilt waren) und Hilfskräfte zeigte sich im November 1929, als es in der Fabrik in Guise zum ersten und einzigen Streik in der Geschichte des Unternehmens kam. Ein Streik, der sowohl das Unternehmen als auch die kleine Industriestadt erschütterte. Ursache für die Auseinandersetzung waren Forderungen vor allem der Gießerei- und Schmelzarbeiter nach deutlichen Lohnerhöhungen. Zwar hieß es allgemein, niemand zahle im Umkreis von 100 Kilometern besser als Godin, aber das betraf in dem Vier-Klassen-System nicht alle Arbeiter. Hinzu kam das Beispiel der Metallarbeiter des 25 Kilometer entfernten Saint-Quentin, die durch einen er-

---

[86] Ebd., S. 167.

folgreichen Streik bessere Löhne erkämpft hatten. In der Fabrik selbst machte sich die Teilung der Arbeiter in »Familistèriens« – also den Bewohnern der Familistère und damit den Angehörigen der beiden ranghöchsten Gruppen – und den anderen Mitgliedern und Hilfskräften auch dadurch bemerkbar, dass die »Non-Familistèriens« oft die schwereren und ungesunden Arbeiten verrichteten. Manche der Arbeiter wurden nach Stücklohn, andere nach Zeit bezahlt.

Die vom damaligen Verwaltungsdirektor der Ofenfabrik, Louis-Victor Colin, gewährte Lohnerhöhung genügte den Arbeitern nicht, sie forderten eine Revision des angebotenen Stücklohnes und zusätzlich eine generelle fünfprozentige Lohnerhöhung für alle. Nachdem dies der Direktor verweigerte, kam es am 20. November 1929 zu einem Bummelstreik in der Fabrik. Auch die Associés – die stimmberechtigten Mitglieder – sprachen sich zunächst für die Forderung der Arbeiter aus und ließen sich auch durch die Rücktrittsdrohungen des Direktors nicht einschüchtern. Als Antwort verfügte die Unternehmensleitung tags darauf die Aussperrung – selbst die Associés mussten einsehen, dass ihre aktuellen Mitwirkungsrechte sich auf die Entgegennahme der Dividende beschränkten. Um sie für die Unternehmensleitung »zurückzugewinnen«, rechnete ihnen der Direktor vor, dass sie durch die geforderten Lohnerhöhungen der Arbeiter schließlich weniger in der Tasche haben würden als bei dem Lohnangebot der Direktion, da im ersteren Falle die Dividende geringer ausfallen würde.[87]

Die Spaltung der Arbeiterschaft machte sich auch im Arbeitsausschuss (Syndicat du travail) bemerkbar. Eine Mehrheit von elf Delegierten, darunter die Familistère-Bewohner, stand gegen eine Gruppe von sieben Arbeitervertretern. Diese Mehrheit unterstützte die Aufforderung des Direktors, die Arbeit gemäß den Statuten wieder aufzunehmen. Colin kündigte daraufhin an, dass am Freitag, den 22. November 1929, die Fabriktore wieder geöffnet würden. Während 1000 Beschäftigte die Arbeit wieder aufnahmen, blieb die andere Hälfte der Arbeiter im Streik, der schließlich einen Monat dauern sollte. In den folgenden Tagen kam es vor den Fabriktoren zwischen den Streikenden und Streikbrechern zu Schlägereien. Auch zwischen

---

[87] Vgl. Émue, Max: La grève du Familistère de Guise. In: La révolution prolétarienne vom 15.2.1930, S. 7.

streikenden Arbeitern und der Polizei kam es zu Auseinandersetzungen, die Gendarmen setzten fünf Feuerspritzen ein. In der zweiten Streikwoche waren nach Angaben der Direktion noch rund 650 Arbeiter im Ausstand, die kommunistische Tageszeitung »L'Humanité« zählte hingegen 1500 streikende Metaller. *Émue* hält in seiner Streikanalyse 1000 Streikende für wahrscheinlich. Am 2. Dezember und den darauffolgenden Tagen wurden einige Streikführer von der Polizei mehrere Stunden lang eingesperrt, am 9. Dezember kam es zu Verhandlungen zwischen den streikenden Arbeitern und der Direktion. Noch am 8. Dezember hatte die L'Humanité geschrieben, der Streik in Guise sei »lebendig, sehr lebendig«.[88] Doch am 20. Dezember ist der Streik vorbei, auch die restlichen streikenden Arbeiter (etwa 400) nehmen die Arbeit wieder auf. Es gibt eine allgemeine Lohnerhöhung, aber 85 streikende Hilfskräfte werden entlassen. *Émue* führt das Scheitern des Streiks auf die ungenügende Kritik an der Rolle der Associés (der »Familistère-Bewohner«) als »Eigentümer«, auf die mangelnde Organisation von Solidarität und auch auf die Uneinigkeit der Streikführung zurück.[89]

Der Streik kratzte entschieden an der ideologischen Fassade der Godinschen Betriebsverfassung und zeigte die existierenden sozialen Unterschiede auf, wie *Stauner-Linder* folgert: »Dieser Streik scheint nicht ohne Einfluß auf das Klima in der Gesellschaft geblieben zu sein. Den Arbeitern war die privilegierte Stellung von Verwaltungsdirektor und associés bewußt geworden. Gerade die Haltung der weit von den Ideen der Brüderlichkeit Godins entfernten Gruppe der associés scheint einer der Hauptgründe für den Streik und v.a. für die Verschärfung der Lage gewesen zu sein.«[90] Es ist in diesem Zusammenhang interessant, dass *Axhausen* die Spaltung und Aufteilung der Arbeiterschaft bei Godin auf seinem zeitgenössischen Hintergrund der 1920er Jahre als Entsprechung der politischen Aufspaltung der deutschen Arbeiterschaft in Anhänger der SPD, der USPD und des Spartakusbundes sieht.[91] Auch diese Aufspaltung

---

[88] Raveau, J.: La grève de Guise. In: L'Humanité vom 8. Dezember 1929, S. 1.

[89] Vgl. Émue 1930, a.a.O., S. 10f.

[90] Stauner-Linder 1984, a.a.O., S. 125.

[91] Axhausen, Günther: Utopie und Realismus im Betriebsrätegedanken. Eine Studie nach Freese und Godin. Berlin 1920, Reprint Frankfurt a.M. 1980, S. 81.

In der Dekorationswerkstatt, 1899

stand für verschiedene Fraktionen oder Schichten der Arbeiterklasse, wobei z.B. die »Arbeiteraristokratie« der SPD zuneigte, während der ungelernte Arbeiter und der Arbeitslose zu den Kommunisten tendierten.

Der Guise-Streik von 1929 war im Wesentlichen unter der Ägide der KPF geführt worden, die ihre Anhänger vor allem bei den Hilfskräften und »unterprivilegierten« Arbeitern fand. Von den privilegierten Associés nahmen nur drei am Streik teil.[92]

Und in der Tat traf und trifft ein Streik tief in das Herz der Arbeiter-Eigentümer, denn in diesem Herzen wohnen bildlich gesprochen zwei Seelen: die des »Unternehmers« und die des Arbeiters. Die eine Seele ist die des Fabrik-Mitbesitzers, der langfristige Investitionen tätigen und sich um eine erfolgreiche Anpassung an den Markt bemühen muss. Die andere Seele ist die des Arbeiters, der an höheren Löhnen oder Entgelten für seine Arbeit und auch an besseren Arbeitsbedingungen interessiert ist. Diese unterschiedlichen Bedürfnis- und Interessenlagen zu vereinen oder zumindest auszubalancieren, bedarf einer Gemüts- und einer Verstandesarbeit. Die Asso-

---

[92] Vgl. Stauner-Linder 1984, a.a.O., Fußnote S. 125.

ciés im Streik von Guise 1929 haben sich in der aktuellen Krisensituation jedenfalls auf die »Unternehmer-Seite« geschlagen.

Dieses Problem der unterschiedlichen Interessenlagen in der Person des Genossenschafts-Arbeiters ist ein immer wieder in der Genossenschaftsgeschichte auftauchendes Phänomen. 45 Jahre nach dem Streik in Guise kommt es z.B. 1974 in der baskischen Industriegenossenschaft Mondragón[93] ebenfalls zu einem Streik, und auch dieser erschütterte das Selbstverständnis der Arbeiter-Unternehmer. Die Ursache für den Ausstand war eine Neueinstufung der Tätigkeiten innerhalb der Fabrik gewesen, bei der viele Mitarbeiter hochgestuft, ein Fünftel aber auch zurückgestuft wurde.

Am 27. Juni 1974 marschierten an die 400 unzufriedene Arbeiter aus dem Betrieb und erklärten den Streik. Der Ausstand währte allerdings nur wenige Tage, die Anführer wurden aus der Kooperative ausgeschlossen – Streiks waren durch das interne »Genossenschaftsgesetz« bei Mondragón verboten. Trotz der Kürze des Ausstandes hinterließ er tiefe Spuren und erschütterte die Philosophie der harmonischen Zusammenarbeit zwischen Management und Arbeiter-Mitgliedern.[94] Jahre später wurde 1985 in einer internen Studie der Streik neu bewertet. Es ist wahr, hieß es dort, dass angesichts der Marktanpassung auch die Kooperativen Züge des kapitalistischen Systems annähmen. Die Konflikte zwischen Technokratie und Mitbestimmung seien während des Streiks nicht befriedigend gelöst worden.

Auch bei Mondragón zeigte sich die Spaltung der Arbeiter-Eigentümer-Existenz, und zwar in der Form des Konflikts zwischen Management und Arbeitern, während bei dem Godin-Streik die Spaltung der Arbeiterschaft in Mitglieder und Hilfskräfte im Vorder-

---

[93] Die Dachbezeichnung Mondragón Corporación Cooperativa (MCC) steht für einen Verband von 120 Genossenschaften, die in der Industrie, im Handel, im Bankwesen und in der beruflich-technischen Ausbildung tätig sind. Im Jahre 2002 waren 60.000 Mitarbeiter beschäftigt, und im Jahre 2000 tätigte Mondragón einen Umsatz von sieben Milliarden Euro. Hauptsitz des Unternehmens ist das 25.000-Einwohner-Städtchen Mondragón rund 50 Kilometer südwestlich der baskischen Großstadt Bilbao gelegen. Vgl. Stumberger, Rudolf: Zwischen Mitarbeiterdemokratie und Markt – Die Industriekooperative Mondragón. In: ZfgG – Zeitschrift für das gesamte Genossenschaftswesen. Göttingen, Band 53, 2003, Heft 3, S. 221-227.

[94] Vgl. Whyte, W.F.; Whyte, K.K.: Making Mondragón. The Growth and Dynamics of the Worker Cooperative Complex. Ithaca 1988, S. 98.

grund stand. Bei beiden Ereignissen aber ging es um die gleichen Themen: Um Lohn (Entgelt) und um Arbeitsbedingungen. Und in beiden Fällen zeigte sich zunächst das eigentlich zuständige Gremium in der jeweiligen Betriebsverfassung, das »Syndicat du travail« bei Godin und der so genannte »Sozialrat« bei Mondragón, als mit zu wenig Macht und Kompetenz ausgestattet, um die »Arbeiter-Seele« und ihre Bedürfnisse zufriedenstellend gegenüber der Direktion bzw. dem Management vertreten zu können.[95]

Italienische Produktionsgenossenschaften haben dieses Vertretungsproblem gelöst, indem sie in den Genossenschaftsbetrieben Vertretungen der Gewerkschaften zulassen und so die »Arbeitnehmer-Seele« der Genossenschaftsmitglieder stärken.

Gruppenarbeit und Mitarbeiterdemokratie bei Godin

In den Ideen Fouriers zur Ausgestaltung des Lebens in seinen propagierten Phalangen – den utopischen Siedlungen – finden sich auch detaillierte Beschreibungen darüber, wie die Menschen arbeiten sollten und wie die Produktion von Gütern organisiert sein sollte. Allerdings handelte es sich dabei vor allem um eine agrarische Produktion, die Phalangen Fouriers waren auf dem Lande, wenngleich auch in der Nähe von Städten angesiedelt, und von industrieller Produktionsweise ist weniger die Rede.[96]

Innerhalb der Arbeitswelt dominiert bei Fourier das Lustprinzip oder das Prinzip der »attraktiven Arbeit«: Die Menschen sollen mit Leidenschaft ihrer Arbeit nachgehen, einer Arbeit, die sie interessiert. Dies geschieht im Rahmen von so genannten »Serien«, unter denen man sich selbständige Arbeitsgruppen vorzustellen hat. Zwischen diesen Serien wechselt der arbeitende Mensch mehrmals am Tage hin und her, zum Beispiel von der »Manufakturarbeitergruppe« zu den »Gemüsezüchtern« oder in die »Schafzüchtergruppe« oder auch in die »Fasanenzuchtgruppe«. Die einzelnen Tätigkeiten sollte man nicht länger als bis zu zwei Stunden ausführen, um Monotonie und Langeweile auszuschließen und die Arbeit interessant

---

[95] Vgl. zum Sozialrat bei Mondragón: Stumberger 2003, a.a.O., S. 225f.

[96] Bezogen auf den heutigen Sinn, denn im Sprachgebrauch des 19. Jahrhunderts stand das Wort »Industrie« für jedwede Produktion, auch für die landwirtschaftliche. Vgl. Braudel, Fernand: Frankreich. Band 3. Stuttgart 1990, S. 298.

Die Modellschreinerei, 1922

zu halten: »Die Mannigfaltigkeit der Genüsse dient dazu, die Arbeiten anziehend zu machen.«[97]

Diese Arbeitsgruppen sollten demokratisch organisiert sein. Der Leiter einer Arbeitsserie wird von allen Mitgliedern gewählt, alle wichtigen Betriebsentscheidungen sollen durch Mehrheitsbeschlüsse getroffen werden. An der Spitze der Phalange sollte nach Fourier ein »Aeropag« stehen, ein Verwaltungsorgan, das sich aus den Vertretern der verschiedensten Gruppen zusammensetzt und Maßnahmen empfehlen konnte.

Fourier entwickelt so eine Art sozialpsychologischer Arbeitslehre. Die Leidenschaften der Menschen, zu denen er neben den fünf Sinnen und den Leidenschaften des Gemüts (Freundschaft, Ehrgeiz, Liebe und Familiensinn) auch den Flattergeist (das Bedürfnis nach Abwechslung), das Ränkespiel und das Bedürfnis nach Begeisterung zählt, sollen sich in den »Serien« – anstatt dass sie zivilisatorisch

---

[97] Bollerey 1977, a.a.O., S. 111. Fourier geht damit Karl Marx voraus, der den von der Entfremdung des kapitalistischen Produktionsprozesses befreiten Menschen am Morgen jagen, am Mittag fischen und am Abend als kritischen Kritiker sieht.

unterdrückt und »gezähmt« werden – entfalten: »Die Leidenschaften wurden zum Feind der Eintracht erklärt; gegen sie wurden Tausende von Bänden verfaßt, die null und nichtig sein werden. Die Leidenschaften, sage ich, richten sich nur auf die Eintracht, auf die Einheit der Gesellschaft, der sie, wie wir glaubten, fernstünden, aber sie können nur insoweit in Einklang geraten, als sie sich beständig in den Fortschritts- oder Gruppenserien ›entfalten‹. Außerhalb dieses Mechanismus stellen die Leidenschaften nur entfesselte Tiger, unverständliche Rätsel dar.«[98] Innerhalb der Serien bleiben also die Leidenschaften erhalten, nur ändern sie ihre Bahn, bewirken statt Not und Armut nun »Einklang und Überfluß«. Der utopische Sozialist Fourier nimmt so den Menschen sehr konkret mit all seinen Leidenschaften wahr – und verzichtet auf die Konstruktion eines »neuen«, »moralischen« Menschen. In seinem Arbeitsmodell werden hingegen gerade diejenigen Leidenschaften als Produktivkraft gesehen, die in dem zeitgenössischen industriellen Arbeitsprozess durch Zucht und Ordnung niedergehalten und als Störung angesehen werden. Wo Fourier auf den »ganzen Menschen« setzt, verlangt die Industrie nur dessen Arm und Hand.

Godin versuchte in den 1870er Jahren, in seiner Fabrik eine Arbeitsorganisation nach dem Muster von Fourier zu begründen. Die Arbeiter wurden je nach Berufssparte zu Gruppen zusammengefasst. Er unterschied Ober- und Untergruppen, und innerhalb von diesen gab es auch noch weitere Differenzierungen. Jede dieser Obergruppen sollte nun demokratisch einen Leiter und einen Sekretär wählen, die zusammen einen Verwaltungsrat bilden sollten. Der Präsident des Unternehmens sollte dann durch die Wahl dieser Verwaltungsratsmitglieder bestimmt werden. Wie bereits erwähnt, zeigten die Arbeiter nur sehr geringes Interesse an dieser Art der Eigenorganisation, sie schienen »noch nicht reif« für diese Art der Selbstverwaltung, welche von den einzelnen ein lebhaftes Interesse für das allgemeine Wohl und positive Mitarbeit forderte.

Die Arbeiter hatten bis dahin allerdings auch wenig Gelegenheit zur »Reifung«, sondern hielten sich an ihre bisherigen Erfahrungen mit Fabrikherrn, wie *Kuhlmeyer* kritisch und allgemein zu der As-

---

[98] Fourier, Charles: Ökonomisch-Philosophische Schriften. Berlin 1980, S. 15. Aus: »Theorie der vier Bewegungen«, 1808.

soziation von Arbeit und Kapital bzw. der ablehnenden Haltung der Arbeiter ausführt: »Ein – vielleicht sogar das stärkste – Motiv der Ablehnung ist das Mißtrauen der Arbeiter gegenüber dem Unternehmer. An die jahrelange Bevormundung haben sich die Arbeiter gewöhnt, so daß sie jeder Änderung mit Skepsis gegenübertreten. Sie vermuten in der Mitverantwortung ein Mittel, das lediglich dazu dienen soll, ›mehr aus ihnen herauszuholen‹.«[99]

In einem gänzlich anderen Licht erscheinen die in der Literatur immer wieder gebetsmühlenartig wiederholte »Unreife« der Arbeiter und die Mitbestimmungsversuche von Godin in der Schilderung *Honeggers*. Danach wollte Godin die Quadratur des Kreises: Einerseits die Arbeiter an die Selbstverwaltung des Betriebes heranführen, andererseits aber die Leitung weiterhin in der Hand behalten. Und in »dieser Absicht verfiel Godin auf den eigenartigen Gedanken, vorerst einmal nur den äußeren Rahmen eines solchen Arbeiterselbstverwaltungsapparates vorzubauen, ohne den Arbeitern selbst irgendwelche namhaften Kompetenzen einzuräumen.«[100] Sieht man sich die Gruppenbildungen bei Godin genauer an, so kommt ein wahres Ungetüm an verschiedensten Instanzen heraus. Für die Fabrik und die Familistère waren dabei zwei parallele Verwaltungsstränge gedacht, die sich erst an der Spitze vereinigen sollten. Die Basis dieses Gebäudes bestand aus 162 »groupes«, in denen die Arbeiter mit ähnlichen Arbeitsfunktionen zusammengefasst waren (zur Zeit der »Versuche« arbeiteten in der Fabrik etwa 1000 männliche Arbeiter, 60 Frauen und ebenso viele Lehrlinge). Diese Arbeitergruppen wählten nun Ausschüsse, die wiederum die Mitglieder der 39 »unions de groupes«, der Obergruppen, bildeten. Deren Mitglieder bestimmten wiederum die »Direktionsräte« der verschiedenen Abteilungen der Fabrik wie Buchhaltung, Gießerei etc. In eine noch höhere Ebene werden von den Obergruppen zwei »generelle Räte« gewählt, aus der Vereinigung dieser beiden Ausschüsse sollte dann die oberste Verwaltungsbehörde der ganzen Produktions- und Konsumtionsgemeinschaft hervorgehen.

Dieses Gesamtgebäude wollte Godin, so *Honegger*, im gegebenen Augenblick an die Stelle seiner bisherigen unumschränkten

---

[99] Kuhlmeyer 1958, a.a.O., S. 43.
[100] Honegger, Hans: Godin und das Familistére von Guise. Zürich 1919, S. 67.

Machtfülle ohne merkliche Betriebsstörung einschieben. Der ganze Versuch müsse von vorneherein als verfehlt angesehen werden, »vor allem, weil er den Arbeitervertretungen vorerst keine effektiven Rechte gab, sondern nur Pflichten auferlegte und ihnen nur das fiktive Recht der ›Beratung‹ einräumte für Angelegenheiten, welche in das spezielle Gebiet ihres Arbeitszweiges fielen.«[101] Zwar wurden auch eine ganze Reihe von derartigen Arbeiterkammern geschaffen (von den 162 geplanten kamen 110 zustande, von denen aber nur 30 in Funktion traten), doch nur ein Drittel der Arbeiter beteiligte sich. 1878 kam das Experiment schließlich auf einen toten Punkt, das Interesse erlahmte, und die Versuche wurden schließlich aufgegeben. Wie anders aber hört sich das Urteil von *Honegger* über das Scheitern dieser »Mitbestimmung« an, als die Klage über die »Unreife« der Arbeiter: »Der tiefere Grund hierfür ist wohl darin zu suchen, daß diese großartige Inszenierung im wesentlichen nur ein Spiel war, wenn auch letzten Endes von ernsten Absichten getragen. Da diese ›groupes‹ und ›unions‹ etc. während der Dauer des Versuches bloße Scheinvertretungen der Arbeit darstellten, so mußte das Interesse der Beteiligten bald erlahmen.«[102] Die Mitbestimmung im Experiment von Guise entpuppt sich so als bloße Spielwiese, die von Godin angelegt wurde. Dabei hatten verschiedene Arbeitergruppen durchaus nicht nur beratend, sondern von Anfang an auch tätig mitbestimmend sein wollen, wie *Honegger* noch anmerkt.[103]

Rund 130 Jahre nach Fourier und 80 Jahre nach Godin wurde in einer japanischen Autofabrik namens Toyota um 1960 die Gruppenarbeit eingeführt. In einem ersten Schritt fasste man die Arbeiter zu Teams zusammen, ihnen wurde ein bestimmter Abschnitt des Montagebandes zugeteilt. Statt eines Vorarbeiters gab es nun einen Teamleiter: »Dann wurde ihnen gesagt, sie sollten zusammenarbeiten und den besten Weg finden, die Arbeitsgänge durchzuführen. Der Teamleiter koordinierte das Team und führte auch Montagearbeiten durch; insbesondere sprang er für abwesende Arbeiter ein – in Massenproduktionsfirmen ein undenkbares Schema.«[104] Die Ar-

---

[101] Ebd., S. 69.
[102] Ebd.
[103] Vgl. ebd., Fußnote 83.
[104] Womack, James P. u.a.: Die zweite Revolution in der Autoindustrie. Frankfurt a.M. 1992, S. 61.

beiter hatten plötzlich sehr viel mehr Verantwortung, sie konnten das Band abstellen, um Fehler zu beheben und bekamen auch ein Zeitbudget für die Diskussion von Verbesserungen. Diese Revolution in der Autoindustrie, die als »Toyotismus« (die »schlanke Produktion«) später den »Fordismus« (Massenproduktion) ablösen sollte, war eine organisatorische Neuordnung des Fließbandes, freilich ohne wirkliche demokratische Mitspracherechte. Allerdings bekam Toyota das neue Verantwortungsbewusstsein der Arbeiter nicht umsonst: Die Automobilfirma garantierte eine lebenslange Beschäftigung sowie Löhne, die steil mit der Dauer der Betriebszugehörigkeit anstiegen und die an die Unternehmensgewinne gekoppelt waren. Toyota schuf sich so eine qualifizierte und loyale Belegschaft, was allerdings auch Konsequenzen für die Arbeiter besaß: »Alte Maschinen konnten abgeschrieben und verschrottet werden, aber Toyota mußte über einen Zeitraum von 40 Jahren soviel wie möglich aus seinem menschlichen Produktionsfaktor herausholen...«[105] Die Idee des utopischen Sozialisten Fourier, die Arbeit in Gruppen aufzuteilen und abwechslungsreich zu gestalten, deren demokratische Verfassung (Wahl der »Chefs«) Godin nur halbherzig zu realisieren versuchte, findet sich so, ihres utopischen Gehalts entkleidet und auf Produktivitätssteigerung getrimmt, in der modernen Arbeitswelt wieder. Zu der Hand des Arbeiters in der fordistischen Fabrik ist mittlerweile das »Hirn« und auch das »Herz« hinzugekommen, die Leidenschaft wurde wieder als Produktivitätsfaktor entdeckt.

---

[105] Ebd., S. 60.

Rechte Seite: Der erleuchtete Sozialpalast beim Fest des Kindes 1928

2. Die Assoziation von Guise im 20. Jahrhundert

Nach dem Tode von Godin im Jahre 1888 führte dessen zweite Ehefrau, Marie Godin-Moret,[106] für einige Monate als Generaldirektorin die Geschäfte, danach stand François Dequenne bis 1897 an der Spitze des Unternehmens, gefolgt von Louis-Victor Colin, der die Firma 35 Jahre lang (bis 1932) leitete. Das Unternehmen blieb wirtschaftlich weiter erfolgreich, eine Reklametafel von 1913 warb für die Godin-Fabrik als die Nummer Eins am französischen Ofen-Markt. Ein erheblicher Rückschlag erfolgte allerdings im Ersten Weltkrieg. Der linke, an der Oise gelegene Flügel der Familistère (wie auch der Kindergarten) wurde durch Bomben zerstört und erst 1923 wieder aufgebaut. Das Theater und die Schulen wurden von den deutschen Besatzungstruppen mit Stacheldraht eingezäunt und als Gefangenenlager benutzt. Die Wohnungen in der Familistère dienten als Unterkunft für Soldaten.[107] Auch wurden mehrere Gebäude der Fabrik, darunter die Formgießerei, zerstört. Das Ende der Assoziation schien gekommen: »Die Familistèreassoziation bestand und gedieh bis 1914«, schrieb *Honegger* 1919.[108] Doch ein Jahr später konnte die Produktion wieder aufgenommen werden.

Ende der 1930er Jahre, als der große Streik die Fabrik erschütterte, hatte die Firma mit ihren Öfen und Küchenherden einen Marktanteil von 45 % in Frankreich. Als Direktor firmierte seit 1933 Renè Rabaux (bis 1954), ein Bewohner der Familistère in der vierten Generation. Das Titelblatt des Firmenkatalogs von 1938 – der Zeit kurz nach der Volksfront-Regierung aus Sozialisten, Kommunisten und Radikalsozialisten in Frankreich – zeigte die Statue des Firmengründers vor einer Fotografie der Familistère und einer schematischen Ansicht der Fabrik mit rauchenden Schloten. Diese Zusammenstel-

---

[106] Marie Godin-Moret, 1840–1908. Die zweite Ehefrau Godins hatte maßgeblichen Anteil an der Konzeption des Erziehungswesens der Familistère, verlegte nach dem Tode Godins dessen Bücher und gab die dreibändige Ausgabe der Dokumente zu seiner Biographie heraus (»Documents pour une biographie completé de Jean-Baptiste André Godin«).

[107] »Wir wohnen in einer Maison familistere. Ein gewisser Herr Jodin hat sie gestiftet. Es sind 4 kolossale Häuser à la Karstadt nur aus rotem Backstein. In jedem Haus sind 500 Wohnungen zu 2 Zimmern. Ich wohne mit Waack und 9 anderen im Zimmer 442. Das eine der Häuser ist aber zerschossen und nun ein Trümmerhaufen.« Brief des Musketier Walther Stolle, 54 Inf. Division aus Guise an seine Mutter in Lübeck vom 11.3.1915.

[108] Honegger, Hans: Godin und das Familistère von Guise. Zürich 1919, S.112, Schlussnotiz.

Bombenschäden im linken Flügel des Sozialpalastes, Aufnahme von 1919

Wiederherstellung des Dachstuhls im linken Flügel des Sozialpalastes, Winter 1923-1924

lung der drei Elemente drückt das damalige Selbstverständnis des Unternehmens aus: Man verfügte über beträchtliche Wirtschaftskraft, belebt durch die moralische Autorität des Gründers und gerechtfertigt durch sozialen Fortschritt.[109]

Im Zweiten Weltkrieg wurde die Produktion in Guise zeitweilig eingestellt und das Zweigwerk in Belgien durch Bomben beschädigt. Während der deutschen Besatzung Frankreichs interessierten sich die Nationalsozialisten für das Modell Godins,[110] vielleicht wegen der konsequenten Ausblendung jedweden Klassenkampfes und der Interpretation der Assoziation als »Betriebsgemeinschaft« mit »Betriebsführer« und »Unterführern«, wie in einem Aufsatz von 1936 zu lesen ist.[111]

---

[109] Vgl. Brauman, Annick; Louis, Michel: Jean-Baptiste Andre Godin 1817–1888. Paris 1975, S. 245.

[110] Vgl. Stauner-Linder 1984, a.a.O., S. 136.

[111] Geck, L.H.: Das Arbeitergemeinwesen der Ofenfabrik von Godin in Guise. In: Der praktische Betriebswirt. 1936, S. 790-803.

Luftbildaufnahme der Familistère (links unten) und des Fabrikgeländes (obere Bildhälfte) von 1926

Nach dem Zweiten Weltkrieg schrumpfte durch Rationalisierungsmaßnahmen die Belegschaft: Hatte das Unternehmen 1929 noch 2500 Mitarbeiter beschäftigt, waren es Ende der 1950er Jahre nur noch 1500. Das einst marktbeherrschende Unternehmen hatte zunehmend mit der Konkurrenz zu kämpfen, seine Marktstellung mit guten, aber auch teuren Produkten wurde nach und nach vor allem durch italienische Waren untergraben. Gleichzeitig schrumpfte die Nachfrage nach Kohleöfen.

Innerhalb der Assoziation begann der einstige Genossenschaftsgedanke zu verblassen. Manche Wohnungen in den Sozialpalästen standen leer, die Wohnstandards mit ihren Zimmergrößen entsprachen nicht mehr den Vorstellungen der nachwachsenden Generation. Die Volksschule wurde, da die Zahl der Schulkinder erheblich gesunken war, 1957 als Schenkung dem Staat übergeben und schließlich wegen Kindermangels geschlossen.[112] Das Gemeinschaftsleben mit den verschiedenen Freizeitgruppen kam zum Erliegen, das Fern-

---

[112] Vgl. Kuhlmeyer 1958, a.a.O., S. 135.

Eines der letzten Zeugnisse der Festkultur: Blumenumzug der Kinder im Zentralpavillon 1950

sehen – dessen Antennen auf dem Dach der Familistère in den Himmel wuchsen – und die neue Mobilität durch das Auto forderten ihren Tribut.

In den 1960er Jahren verschlechterte sich die finanzielle Situation der Gesellschaft rapide, bereits 1966 wurde die Auflösung der Assoziation diskutiert. Von 1965 – dem letzten »großen« Jahr – bis 1970 sank der Umsatz um die Hälfte. 1968 wies die Bilanz einen Verlust von rund 6 Millionen Francs auf, die Gesellschaft war zahlungsunfähig. Die Umwandlung der Genossenschaft in eine Aktiengesellschaft (»s.a.«) vom 1.6.1968 brachte das Ende des paternalistisch-sozialistischen industriellen Projekts von Guise. Aus den Associés wurden einfache Aktionäre. »Godin hat seine Seele verkauft, um seine Haut zu retten«, schrieb damals eine Wirtschaftszeitschrift.[113] Das Handelsgericht Lille gewährte schließlich einen Vollstreckungsaufschub unter der Bedingung, dass durch einen Sanierungsplan das Unternehmen innerhalb von drei Jahren seinen Ver-

---

[113] Alexandre, Roger: OPA sur une utopie. Après un siècle d'autogestion, le phalanstère de Jean-Baptiste André Godin a dû vendre au capitalisme. In: L'Expansion, Januar 1972, S. 94.

pflichtungen nachkomme, so konnte der Konkurs noch abgewendet werden. Der Küchengerätehersteller Le Creuset übernahm schließlich Verpflichtungen und Fabrik. In der Folge wurde das Zweigwerk in Belgien verkauft, die Wohnungen in der Familistère wurden privatisiert und in Eigentumswohnungen umgewandelt. Garten, Theater und einige Nebengebäude gingen aufgrund mangelnden Verwendungszweckes an die Kommune. Die Produktion in der Fabrik wurde zu größten Teilen auf die Fabrikate von Le Creuset umgestellt.

Die Wohnanlage fiel in einen Art unbehelligten Dornröschenschlaf und die soziale Utopie Godins geriet – abgesehen von einem Fachpublikum wie z.B. Architekturstudenten – nahezu für den Rest des Jahrhunderts ins Vergessen.

Das Zweigwerk in Belgien

In der Literatur über Godin und die Familistère spielt das Zweigwerk in Brüssel eine untergeordnete Rolle, die Niederlassung galt gleichsam als eine Art »arme Verwandte« von Guise. Doch zeigt die dortige Entwicklung auch die Grenzen einer »Exportfähigkeit« des Godin'schen Experiments auf.

Das Zweigwerk in Brüssel (Laeken) wurde 1858 gegründet, nachdem 1853 die erste Niederlassung in Belgien aus der Taufe gehoben worden war. Brüssel galt damals als wichtiger Handelsstützpunkt, doch aus industrieller Perspektive fehlte es vor allem an qualifizierten Arbeitern und an Rohstoffen – letztere mussten per Eisenbahn herantransportiert werden.

Es dauerte schließlich 29 Jahre, bis 1887 – ein Jahr vor Godins Tod – auch am belgischen Produktionsstandort eine Familistère errichtet wurde. Die Anlage wird, wie *Brauman* anmerkt, zwar nach dem gleichen Schema wie in Guise entworfen, aber es fehlt an Ambition, das Gebäude wird ein »Sozialpalast ohne Flügel«,[114] und dies auch im übertragenen Sinne. Sind die Gebäude in Guise auf der grü-

---

[114] Brauman, Annick: Architecture of Programmed Emancipation and Freedoms. In: Brauman, Annick; Louis, Michel: Jean-Baptiste Andre Godin 1817–1888. Paris 1975, S. 79.

nen Wiese errichtet und von dem Flüsschen Oise umflossen, so ähnelt die Brüsseler Dependance eher einer Mietskaserne: Inmitten des Industriegebietes gelegen und zwischen Kanal, Gießerei und Gasanstalt eingepfercht, sorgt lediglich ein Blumenbeet für Abwechslung. 72 Wohnungen beherbergt das Gebäude, das ebenfalls mit einem überdachten Innenhof versehen ist, zum Ensemble gehören auch eine Grundschule und eine Wäscherei. Obwohl auch in dieser Familistère 1. Mai-Feiern und Kinderfeste stattfinden, bleibt den Arbeitern der »Geist von Guise« fern, sie kennen nicht einmal den Vorsitzenden des Aufsichtsrates, in dem Entscheidungen über sie, aber ohne sie getroffen werden, wie *Brauman* urteilt.[115]

1918 schließt die Grundschule wegen Kindermangels, 1960 stellt das Werk schließlich die Produktion ein. Elf Jahre später, 1971, verlassen die letzten Bewohner die Familistère, nachdem der Innenhof und das Erdgeschoss schon seit zehn Jahren als Lager und Ausstellungsraum genutzt worden waren. Das Gebäude wird von einer Möbelspedition aufgekauft und entsprechend genutzt.

---

[115] Vgl. ebd., S. 80.

Unter dem Bild des Gründers: Besucher im Museum der Familistère

3. Ein Experiment im Rückblick oder: wie gegenwärtig ist Godin?

Das soziale Experiment von Guise ist, betrachten wir es rückblickend, ebenso in seiner historischen Eingebundenheit zu sehen, wie auch die Bewertung dieses Experiments durch die Jahrzehnte hindurch vor dem Hintergrund der jeweiligen Zeit erfolgte.

So schrieb Friedrich Engels in der ersten Auflage seiner Schrift »Zur Wohnungsfrage« von 1872 über die Familistère in Guise noch als von einem »sozialistischen Experiment«, das nicht als rentable Spekulation angelegt sei.[116] Dahinter steht, dass Marx und Engels die Frühsozialisten als »utopisch« abqualifizierten und die Ausblendung des Klassenkampfes in einem gesellschaftlichen Harmoniemodell (wie dem von Fourier) kritisierten: »Das Evangelium von der Harmonie zwischen Kapital und Arbeit ist nun schon an die fünfzig Jahre gepredigt worden; die bürgerliche Philanthropie hat es sich schweres Geld kosten lassen, diese Harmonie durch Musteranstalten zu beweisen.«[117] In einer zweiten Auflage der »Wohnungsfrage« von 1887 kommt Engels in einer Fußnote zu dem Schluss, dass nun auch die Familistère »schließlich eine bloße Heimat der Arbeiter-Ausbeutung geworden« sei. Er beruft sich dabei auf einen kritischen Artikel im Pariser »Socialiste« vom Jahrgang 1886.

Vor dem Hintergrund der 1918 gebildeten Arbeiter- und Soldatenräte in Deutschland wiederum thematisiert *Axhausen* 1920 anhand der Erfahrungen von Guise die Fähigkeit der Arbeiter, an der Verwaltung der Fabrik teilzunehmen, und formuliert die These, dass dies eben nicht möglich sei, da es den Arbeitern an derlei Fähigkeiten mangele. Sein generelles Urteil ist eher vernichtend: »Die endgültige Schöpfung Godins zeigt uns aber das Bild eines Rückfalls in das patriarchalische System mit einer Klasseneinteilung, in der die oberste Klasse und der obere Beamtenstab, der sich aus dieser Klasse bildet, eine unumschränkte Herrengewalt ausüben.«[118]

1934 kommt *Leifert* zu einem zweigeteilten Urteil: »Ueber das Ergebnis des Familistères gibt es eine positive und eine negative Seite. Positiv, weil das Unternehmen sich über seinen Schöpfer hinaus auch durch die Kriegswirren erhalten hat. Für die Arbeiter bietet

---

[116] Engels, Friedrich: Zur Wohnungsfrage. In: MEGA, Band 24, Berlin 1984 (1872), S. 39.

[117] Ebd., S. 34.

[118] Axhausen, Günther: Utopie und Realismus im Betriebsrätegedanken. Eine Studie nach Freese und Godin. Berlin 1920, S. 108.

das Familistère ein ausreichendes Einkommen und eine Sicherheit gegen Arbeitslosigkeit, Schutz im Alter und in Krankheitsfällen. Die negative Seite der Organisation ist, daß es ein Experiment geblieben ist. Das Familistère ist das einzige Unternehmen seiner Art, somit kann ihm keine allgemein geltende Bedeutung in dem Problem Arbeit und Kapital beigemessen werden.«[119]

Es verwundert wenig, dass zwei Jahre später (1936) unter nationalsozialistischer Perspektive ein »antikommunistischer« Godin ebenso wie das »Führerprinzip« im Vordergrund der Beurteilung stehen. Zeige doch schon der »personalstrukturelle Aufbau des Gemeinwesens, wie fern Godin marxistisch-sozialistischer Gleichmacherei war«,[120] als dieser von der »Oligarchie zum Führerprinzip« übergegangen sei.[121] Das Urteil von *Geck:* »So ist die Arbeiterfabrik von Guise allen Erwartungen entgegen mehr eine konstitutionelle Monarchie als eine Demokratie. Und das ist zu ihrem Besten gewesen.«[122]

Auch *Bollerey* sah – allerdings aus kritischer Perspektive – 1977 die paternalistische Verfassung des Betriebes als Ursache für das lange Überleben: »Beim Vergleich mit dem Fourierschen Ideal büßt die paternalistische Unternehmerpraxis an Terrain ein. Aber es war gerade die väterliche Stifter-Pose des Jean Baptiste André Godin und die Sicherstellung der Keimzelle der Nation, der Familie, welche das Fourieristische Experiment in Guise von der bürgerlichen Seite mit Applaus aufnehmen ließ und sein Überleben garantierte.«[123] (Dieser Applaus hielt sich allerdings in Grenzen, litten doch Absatz und Produktion der Fabrik in der Mitte des 19. Jahrhunderts unter der »exponierten Stellung des Firmeninhabers, Godin wurde von zahlreichen Kunden und Unternehmerkollegen abgelehnt und diffamiert. Seine sozialistische Einstellung ließ man ihn spüren...«[124])

[119] Leifert, Josefa Friederike: Die Entwicklung der französischen Produktivgenossenschaften. Diss. Bergisch-Gladbach 1934, S. 68.

[120] Geck, L.H.: Das Arbeitergemeinwesen der Ofenfabrik von Godin in Guise. In: Der praktische Betriebswirt. 1936, S. 796.

[121] Ebd., S. 798.

[122] Ebd., S. 803.

[123] Bollerey 1977, a.a.O., S. 164.

[124] Stauner-Linder 1984, a.a.O., S. 44.

Ob es an dieser »Sicherstellung der Keimzelle der Nation« lag oder vor allem der Opferbereitschaft der Verwaltungsdirektoren geschuldet war, dass die Assoziation auch nach dem Tode ihres Gründers über ein dreiviertel Jahrhundert wirtschaftlich erfolgreich war, wie Rabaux – selbst 21 Jahre lang Verwaltungsdirektor – schildert, sei dahingestellt.[125]

Tatsächlich aber bewies die Assoziation mit ihrem 88jährigen Bestehen für eine den »utopischen Sozialisten« zugerechnete Institution eine geradezu erstaunliche Existenzfähigkeit. Die Lebensdauer vieler gesellschaftlicher Alternativmodelle betrug nur ein Bruchteil dessen von Guise, auch das Großprojekt des »real existierenden Sozialismus« dauerte »nur« knapp mehr als 70 Jahre. Diese Beständigkeit über mehrere Jahrzehnte hinweg ist einer der Gründe für die historische Bedeutung des Familistère-Projektes.

Andererseits blieb, wie die Kritik anmerkt, die »Strahlkraft« des Modells auf das Städtchen Guise beschränkt, es kam zu keiner Nachahmung und Verbreitung der Ideen Godins – die bürgerlichen Besitzverhältnisse in Frankreich wurden auf diese Weise nicht bedroht. Die grundsätzliche Annahme von Philanthropen wie Owen, Fourier und Godin, dass alleine das leuchtende Beispiel die Kapitalbesitzer dazu bringen möge, ihrem Beispiel zu folgen, erwies sich als Illusion.

Auch für die Arbeiterbewegung blieb das Godin'sche Experiment ohne Ausstrahlungskraft. Guise entwickelte sich am Ende des 19. Jahrhunderts zwar zu einem Mekka für Sozialreformer und Journalisten, aber nicht für die Arbeiterparteien. Für diese stand der politische Kampf um die Staatsmacht an erster Stelle und nicht das Genossenschaftsmodell. Aus Guise kamen weder ideologische noch organisatorische Impulse für die Arbeiterbewegung. Das Modell überdauerte wohl auch, weil es in der Provinz angesiedelt und von ländlicher Idylle umgeben war, Paris mit seinen Klassenkämpfen wäre als Standort eine sehr viel größere Herausforderung für das Überdauern der Assoziation gewesen.

Ab 1917 überstrahlte zudem das Großexperiment der jungen Sowjetunion politisch das Kleinexperiment in der Picardie. Ab den

---

[125] Rabaux, René: Réflexions. In: Godin 1979 (1871), a.a.O., S. L.

1950er Jahren überstrahlte schließlich die staatliche Daseinsfürsorge und die allgemeine Hebung des Lebensstandards auch die Godin'schen Sozialleistungen.

Im historischen Kontext positiv zu würdigen sind aber zweifelsohne genau diese bedeutenden sozialen Maßnahmen Godins. Wenn auch seine paternalistische Einstellung der seines Zeitgenossen Jean-Félix Bapterosses[126] gleicht, von dem es hieß: »Die Arbeiter – er kennt sie, er liebt sie, sie sind seine Kinder. Er weiß von ihren Leidenschaften, ihren Fehlern, ihren Schwächen, er behandelt sie geschickt und lenkt sie mit fester Hand, weil es sein muß – doch mit wie viel Güte!«,[127] so stellen die Sozialleistungen, die Gewinn- und Eigentumsbeteiligung als auch der Wohnungsbau vorbildliche Einrichtungen dar, die der staatlichen Daseinsvorsorge für Arbeiter vorausgingen.

Die Versorgung der Kinder in Krippen und Schulen, der Mutter- und Erziehungsschutz der Frauen, die Krankheits- und Invalidenvorsorge, die günstigen Wohnungen, – dies alles steht in scharfem Kontrast zu den damaligen Lebensbedingungen des Proletariats, die häufig durch verwahrloste und unterernährte Kinder, feuchte und dunkle Zimmer in Mietskasernen, durch Krankheit und Altersarmut ebenso wie durch eine generelle Unsicherheit der Lebensführung an der Schwelle des Existenzminimums gekennzeichnet waren. Godins Familistère war gleichsam eine soziale Oase in der Wüste industrieller Ausbeutung.

Zu würdigen ist auch trotz aller kritischen Anmerkungen die persönliche Leistung Godins. Er baute als Fabrikant nicht nur ein erfolgreiches Unternehmen auf, sondern realisierte mit dem Bau der Familistère überdies als Philanthrop seine soziale Utopie und sorgte für vorbildliche Sozialleistungen für seine Beschäftigten. Als Erfinder war er ebenso tätig wie als sozialkritischer Publizist, der mehrere Bücher schrieb und eine eigene Zeitschrift herausgab.

Und als Politiker wie auch als Unternehmer setzte er sich für die Emanzipation der Frau und der Arbeiter ein. Er steht als Beispiel für einen couragierten Bürger, dem, anders als seinem Zeitgenossen

---

[126] Jean-Félix Bapterosses (1813–1885), französischer Erfinder und sozial engagierter Fabrikant.

[127] Zitiert nach Perrot, Michelle: Geschichte des privaten Lebens, Bd. 4. Von der Revolution zum Großen Krieg. Frankfurt a.M. 1992, S. 379.

Krupp, nicht an der Gründung einer Dynastie, sondern am sozialen Fortschritt gelegen war.

Heute sind soziale Errungenschaften wie die finanzielle Absicherung bei Krankheit, Unfall, Arbeitslosigkeit und Alter staatlich institutionalisiert und erscheinen als eine Selbstverständlichkeit (die nun, zu Beginn des 21. Jahrhunderts, durch die Herrschaft des Neoliberalismus wieder bedroht ist). Was das Vier-Klassensystem innerhalb der Assoziation und die kaum vorhandenen Mitspracherechte bezüglich des Wirtschaftsbetriebes betrifft, so waren diese Regelungen bereits im 19. Jahrhundert des öfteren kritisiert worden und können heute kein Vorbild sein – die Mitbestimmungsrechte der Arbeitnehmer sowohl in Frankreich als auch in Deutschland gehen heute weit über das angedachte und nur zögerlich ausprobierte Godin'sche Partizipationsmodell hinaus.

Die Teilung der Arbeiterschaft in Genossenschaftsmitglieder und »Hilfskräfte« ist allerdings bis heute eine gängige Praxis von Genossenschaften geblieben und unter den Bedingungen des Marktes vielleicht auch kaum zu überwinden. Sowohl die große Industriegenossenschaft Mondragón im spanischen Baskenland als auch die kleinste »cooperativa touristica« auf Sardinien[128] beschäftigt Nichtmitglieder, um konjunkturelle und saisonale Schwankungen auszugleichen.

Interessant ist die Frage nach der »Gegenwartsfähigkeit« des Godin'schen Wohnmodells, der Familistère. Entgegen der heftigen Kritik an der Isolation und Fragmentierung des Arbeiters durch seine Bindung an das »Arbeiterhäuschen« durch Fourier über Godin bis Engels und Bebel, hat sich ein flächendeckendes Kollektivwohnmodell historisch nicht durchgesetzt, weder materiell-konkret noch als Wunschvorstellung: »Das Eigenheim ist zweifellos die Wohnform, die sich die meisten Menschen wünschen – nicht nur in Deutschland, sondern in allen industrialisierten Ländern«, lautet die Bilanz einer Soziologie des Wohnens.[129]

---

[128] cooperativa touristica: Genossenschaft im Tourismusbereich

[129] Häußermann, Hartmut; Siebel, Walter: Soziologie des Wohnens. München 2000, S. 229. Siehe auch Bourdieu, Pierre u.a.: Der Einzige und sein Eigenheim. Erw. Neuausgabe der Schriften zu Politik & Kultur 3. Hrsg. von Margareta Steinrücke. Hamburg 2002.

Und es sind nicht zuletzt Arbeiter, die sich Wohneigentum wünschen und dies auch verwirklicht haben; mehr als jeder dritte Arbeiterhaushalt (37%) wohnt in Deutschland in seinem Haus oder seiner Eigentumswohnung.[130]

Betont wird in diesem Zusammenhang auch der Gebrauchswert eines Eigenheimes für Arbeiter: Ihm wird im Meer der existenziellen Unsicherheit des Arbeiterlebens (wie der immer potenziell drohenden Arbeitslosigkeit) eine »gerade mythische Qualität als Insel der Sicherheit« zugesprochen.[131] Das eigene Häuschen kann auch in Eigenarbeit (»nach Feierabend«) und nicht nur mit Kapitaleinsatz geschaffen werden und sorgt in Zusammenhang mit dem Kleingarten (»Gemüsebeet«) und der Verfügbarkeit der Ausgaben für das Wohnen (»Sparen bei den Heizkosten«) für eine gewisse Existenzsicherung auf Subsistenzbasis.

Ist so die Begeisterung für Kollektivbauten in den Arbeiterschichten kaum vorhanden, so zeigt sich vor allem in den Mittelschichten neuerdings ein auflebendes Interesse für alternative Wohnformen. Dabei handelt es sich meist um neue Formen inszenierter Nachbarschaft auf der Basis von Häusergruppen oder Hausgemeinschaften (z.B. »autofreie Siedlungen«), die ohne kollektive Einrichtungen wie eine gemeinsame Küche auskommen.

Ob das architektonische Konzept der Familistère dem Trend nach Privatheit in einer befreundeten (und vorher sensibel ausgesuchten) Nachbarschaft entgegenkommt, scheint eher fraglich. Das Mehr an (halb)öffentlichem Raum, der dem privaten Raum vorgesetzt ist, findet mit seinem proletarischen Ursprung wenig ideologische Entsprechung in den Wohnvorstellungen einer städtischen akademischen Mittelschicht.

Anders im sozialen Wohnungsbau. Vor allem in skandinavischen Ländern und in den Niederlanden finden sich Kollektivhäuser,[132] aber auch in Deutschland gibt es mittlerweile architektonische Nachfolger der Godin'schen Familistère. 1999 wurde in einer Mustersiedlung in München-Riem im Rahmen des sozialen Wohnungsbaus das »Galeriahaus« eingeweiht. Dessen architektonische Struktur gleicht

---

[130] Vgl. ebd., S. 267.
[131] Ebd., S. 268.
[132] Vgl. ebd., S. 321.

in zentralen Punkten der des Sozialpalastes in Guise: Durch einen mit Glas überdachten Innenhof entsteht ein halböffentlicher Kommunikationsraum, von dem aus links und rechts die Wohnungen erreichbar sind. Die oberen Stockwerke sind durch Galerien erschlossen, die durch Brücken und Treppenaufgänge miteinander verbunden sind. Ergänzt wird der private und halböffentliche Raum durch die Kollektiveinrichtungen eines Bürgertreffs. Die Idee des Sozialpalastes von 1859 findet sich damit in moderner Form am Ende des 20. Jahrhunderts wieder (vgl. Anhang: Das Galeriahaus in München-Riem, S. 113ff.).

Kann so für das Architekturkonzept von Godin ein gewisser Gegenwartsbezug nachgewiesen werden, so lässt sich dies auch für die Frage nach der gegenwärtigen Relevanz einer Beteiligung der »Arbeitnehmer« am Gewinn und am Produktivvermögen, wie sie Godin in seiner Assoziation eingeführt und wie diese mehr als 80 Jahre lang praktiziert wurde, beantworten. Denn wenn wir die Statistik befragen, so sehen wir, dass in Deutschland das gesamte Vermögen, und darunter noch stärker das Produktivvermögen in einigen wenigen Händen konzentriert ist.

Eine verschwindend kleine Minderheit (0,5% der erwachsenen deutschen Bevölkerung, das sind 365.000 Personen) verfügt über gut ein Viertel (25,7%) des gesamtdeutschen Vermögens. Und die reichsten 10% der Haushalte verfügen über 42% des Privatvermögens, während sich die untere Hälfte der Bevölkerung gerade mal 4,5% des Vermögens teilt.[133] Die Reichen (mit Einkünften von 5 bis 10 Millionen Mark) und die Superreichen (mit Einkünften von 10 Millionen Mark und mehr) beziehen den Großteil ihrer Einkünfte (74,5% bzw. 80,8%) aus dem Produktivvermögen, aus einem Gewerbebetrieb.[134] Die Studie von *Krelle* von 1968 zeigte: Rund 70% des Eigentums an Produktivvermögen liegt in der Hand von 1,7% der Bevölkerung.[135]

---

[133] Detje, Richard u.a.: Reichtum & Armut. Supplement der Zeitschrift Sozialismus 6/2001 Hamburg, S. 36f.

[134] Huster, Ernst-Ulrich (Hrsg.): Reichtum in Deutschland. Frankfurt a.M. 1993, S. 48.

[135] Krelle, Wilhelm u.a.: Überbetriebliche Ertragsbeteiligung der Arbeitnehmer. Tübingen 1968, S. 325.

An dieser Vermögenskonzentration haben auch 40 Jahre »Soziale Marktwirtschaft« nichts geändert, im Gegenteil, es hat »die Ungleichverteilung des Produktivvermögens eher zugenommen«.[136] Allerdings steht bei den Arbeitnehmern der Wunsch nach Beteiligung an diesem Produktivvermögen auch nicht besonders hoch im Kurs; wie schon zu Godins Zeiten misstraut der Arbeiter den Heilsversprechen einer derartigen Beteiligung und ist sich des Marktrisikos durchaus bewusst.

Dass die Arbeitnehmer damit nicht unbedingt falsch liegen, zeigt eine Studie der Friedrich-Ebert-Stiftung: »Insgesamt gilt das ernüchternde Fazit: Investivlöhne, Gewinn- und Kapitalbeteiligungen, wie sie in den verschiedenen Ländern praktiziert werden, halten bei weitem nicht das, was ihre Protagonisten versprechen. Sie werden als Instrumente der Wirtschafts- und Sozialpolitik massiv überschätzt und mit viel zu vielen Ansprüchen überfrachtet. Eine Wunderwaffe gegen zunehmende Vermögenskonzentration, für mehr Einkommensgerechtigkeit, mehr Beschäftigung und höheres Wirtschaftswachstum sind sie wahrlich nicht.«[137]

Als Resultat sind somit die Bemühungen um eine von Ludwig Erhard anvisierte »Gesellschaft von Teilhabern« vor allem im Hinblick auf das Produktivvermögen als gescheitert zu sehen. Während die Arbeitnehmer es vorgezogen haben, sich auf die Bildung von Wohneigentum und auf die Altersversorgung zu konzentrieren, haben auch die Mehrzahl der Unternehmen kein großes Interesse an Kapitalbeteiligungen der Mitarbeiter gezeigt. Man müsse sich eingestehen, so die Studie der Friedrich-Ebert-Stiftung, dass weder der Gesetzgeber, noch die Gewerkschaften, noch die Mehrheit der Arbeitnehmer dies je ernsthaft gewollt haben – »die Prioritäten waren eben anders gesetzt.«[138]

Die Art der hier untersuchten Gewinnbeteiligungen unterscheidet sich freilich grundsätzlich von der in Guise praktizierten: Dort handelte es sich um eine Gewinn*aufteilung*, die den Faktor Arbeit favorisiert, hier handelt es sich um Gewinn*beteiligung*. Dort wurde

[136] Friedrich-Ebert-Stiftung: Auf dem Weg zur Teilnehmergesellschaft? Investivlöhne, Gewinn- und Kapitalbeteiligungen der Arbeitnehmer in Westeuropa und den USA. Bonn 1999. S. 1.
[137] Ebd., S. 82.
[138] Ebd., S.77.

das Privatvermögen von Godin in das Kollektivvermögen der Mitarbeiter umgewandelt, hier bleibt das Produktivkapital weitgehend in Privathänden. Eine Gewinnaufteilung à la Guise würde bedeuten, dass die 70% an Betriebsvermögen (in den Händen der 1,7% der Bevölkerung) übergehen in das Kollektivvermögen der in den Betrieben Beschäftigten. Eine momentan allerdings eher unwahrscheinliche Option. Das Vorbild eines Unternehmers wie Porst, der in der Nachfolge von Godin sein Unternehmen in den 1970er Jahren den Beschäftigten öffnete, hatte ebenso wie zu Godins Zeiten wenig »Ausstrahlungskraft« auf die vermögende Klasse.[139]

---

[139] Hanns-Heinz Porst, deutscher Unternehmer und Inhaber der »Foto-Porst«-Kette, übertrug seinen Mitarbeitern Anfang der 1970er Jahre das Unternehmen.

Rechte Seite: Platz der Familistère mit der Statue Godins, 2003

4. Fabrik und Familistère heute – das Projekt Utopia

Linke Seite:
Rekonstruierte
Arbeiterwohnung
von 1870

oben: Seitenansicht des
Platzes der Familistère

rechts: Historisches
Fabrikat im Museum

Ansichten der Familistère in der Architekturfotografie

links: Treppenhaus im rechten Flügel

rechts: Laufgänge im Zentralpavillon

101

Die Ofenfabrik Godin in Guise, 2003

Entgraten der Gussteile

Fabrikgebäude der Ofenfabrik

Gilbert Dupont, Generaldirektor von Godin, im Fabrikschauraum

Werbekarte für den Holzofen La Chauffette, herausgegeben 1924

Zu Beginn des 21. Jahrhunderts und mehr als 120 Jahre nach der Gründung existieren die Fabrik und die Familistère in Guise noch als zusammenhängend erlebbares Ensemble von Gebäuden. Vom Hauptplatz mit der Statue Godins, hinter der sich die Fassade des Sozialpalastes erhebt, geht der Blick rechts hinauf zu den Toren der Fabrik, die auch heute noch den Namen Godin – in Schwarz auf dem Hintergrund einer roten Flamme – trägt. Der historische Zusammenhang zwischen Wohnen und Arbeiten, das Leben in der Nähe der Fabrik, erschließt sich durch den Gang über die Brücke der Oise und am ehemaligen Bad vorbei – es sind nur wenige Schritte nötig. Doch der innere Zusammenhang zwischen den beiden Orten, die soziale Utopie, ist seit über 35 Jahren nicht mehr existent.

Seit dieser Zeit (1968) ist die Fabrik ein von der Familistère unabhängiger »normaler« Wirtschaftsbetrieb, wenn auch mit ungewöhnlicher Vergangenheit. Zählte in den 1960er Jahren die Belegschaft noch mehr als 1000 Mitarbeiter, so arbeiten heute noch 286 Angestellte und Arbeiter in den Fabrikhallen. Das Unternehmen befindet sich in Privatbesitz und gehört nun zu der französischen Gruppe Cheminées Philippe SA. Man fertigt mit 450 Grundmodellen rund 70000 Geräte pro Jahr, darunter die »klassischen« gusseisernen Öfen wie den »petit Godin«, aber auch moderne Gasöfen für den Privathaushalt und die Gastronomie, Kaminöfen mit Sichtfenstern, gusseiserne Bistro-Tischchen und Gartenbänke. 12 bis 14% der Produktion gehen in den Export, vor allem in die USA, nach Israel oder Südafrika.[140]

Guise ist der einzige Standort der Ofenproduktion, und man produziert hier noch in den historischen, aber modernisierten Hallen. An die Produktionsbedingungen des 19. Jahrhunderts erinnert noch die Gießerei mit ihren 34 Arbeitern, das Hantieren mit dem flüssigen Eisen scheint sich nicht wesentlich geändert zu haben. Aber es werden auch moderne Techniken wie Schweißroboter oder numerisch gesteuerte Blechschneidemaschinen eingesetzt.

Die Ofenfabrik Godin ist trotz der im Laufe der Jahrzehnte stark geschrumpften Zahl der Mitarbeiter immer noch der größte Arbeitgeber der Stadt. »Wenn es Godin gut geht, geht es auch der Stadt

---

[140] Angaben nach einem Interview des Verfassers mit dem Generaldirektor von Godin, Gilbert Dupont, im Juli 2003.

gut«, bringt Bürgermeister Daniel Cuvalier die traditionelle Wechselbeziehung auf den Punkt,[141] denn die Arbeitslosigkeit beträgt in Guise wie in der Region ca. 10%. Nachdem das soziale Experiment des Jean-Baptiste André Godin auch in der näheren Umgebung nahezu in Vergessenheit geraten war, beschäftigt man sich nunmehr seit etwa zehn Jahren wieder mit der Familistère. Mit einem Projekt namens »Utopia«, das in einer gemeinsamen Trägerschaft (»syndicat mixte«) steht, will man der historischen, sozialpolitischen und architektonischen Bedeutung der Familistère gerecht werden. Kamen 1999 rund 4000 Touristen nach Guise, so hofft man durch »Utopia« auf steigende Besucherzahlen.

Eine neue Wertschätzung der Gebäude der Familistère und der Fabrik erfolgte 1991, als das Ensemble zu einem »Historischen Monument« erklärt wurde. 1996 gab die Stadt Guise in Zusammenarbeit mit dem französischen Kulturministerium und der Regionalverwaltung der Picardie eine Studie in Auftrag, die die großen Linien des Projektes »Utopia« mit seinen Inhalten, Zielsetzungen und finanziellem Aufwand zeichnen sollte. Seit 1998 ist das Departement Aisne der Motor des Projektes, an dem die Stadt Guise, die Region, das Kulturministerium und die Europäische Union beteiligt sind. Weitere Akteure sind die Fabrik Godin S.A., die ihr Unternehmensmuseum mit einer Ausstellung historischer Öfen einbringt, sowie die »Assoziation Pour la Fondation Godin«, die Führungen durch die Familistère anbietet. Das Projekt umfasst zwei Phasen: Die erste Phase war von 2000 bis 2003/4 konzipiert, und in ihr standen 6 Millionen Euro zur Verfügung, die zweite Phase ist bis zum Jahre 2006 konzipiert und hier steht ein Finanzrahmen von 7 Millionen Euro bereit.

Inhalt des Projektes ist es, der Familistère in ihrem heutigen Zustand eine kulturelle, touristische, wirtschaftliche und soziale Dimension zu geben (»donner au Familistère de nos jours une ambition culturelle, touristique ...«).[142] Das Projekt wird als ein politisches Projekt verstanden, das die Möglichkeit eröffnet, sich mit den Werten einer Gemeinschaft auseinander zu setzen, die sich der Zukunft verpflichtet fühlte. »Utopia« soll damit auch das Nachdenken über

---

[141] Interview mit dem Bürgermeister von Guise, Daniel Cuvelier, Juli 2003.
[142] Pressemitteilung des »syndicat mixte« von 2003.

die Gesellschaft und ihre verschiedenen Zukunftsentwürfe anregen und über die Geschichte des Experiments von Godin, über soziale Utopien der Vergangenheit und Gegenwart informieren.

Das Projekt zielt auf die
- Stärkung der kulturellen Infrastruktur durch Errichtung eines Museums und eines Begegnungs- und Ausstellungszentrums,
- Förderung des Fremdenverkehrs (man rechnet mit bis zu 100.000 Besuchern pro Jahr) und junger Wirtschaftsunternehmen,
- Aufwertung des Wohnumfeldes der Familistère,
- städtebauliche Verbesserungen durch eine optimalere Anbindung der Familistère an den Stadtkern, die Ausgestaltung der Oise-Ufer und die allgemeine Image-Verbesserung der Stadt Guise, die Firmen zur Ansiedlung anregen soll.

Das Projekt umfasst folgende Maßnahmen:

1) Die Familistère
Die Wohnungen in den Sozialpalästen wurden 1968 zu sehr günstigen Preisen zum Kauf angeboten. Heute wohnen teilweise die Eigentümer in der Familistère, teilweise werden die Wohnungen auch vermietet. Die soziale Mischung zwischen alteingesessenen Eigentümern und neuen Mietern, darunter Familien mit sozialen Problemen, birgt ein Konfliktpotenzial. Die Stadt Guise betreibt eine Politik der Kommunalisierung der Wohnungen, ein Viertel davon sind mittlerweile in ihrem Besitz.

Im Rahmen des Projektes wurde eine Wohnung im Zentralpavillon als Projektbüro angemietet, seit 2000 arbeitet dort ein Denkmalpfleger. Bereits realisiert wurde die Rekonstruktion der Wohnung Godins auf der ersten Etage im rechten Gebäudeflügel. Sie beherbergt Ausstellungen zum Leben des utopischen Sozialisten und zeigt ein Modell der Familistère und der Fabrikgebäude. Im Erdgeschoss des gleichen Flügels wurde originalgetreu eine Arbeiterwohnung von 1870 rekonstruiert, die beiden Zimmer wurden mit zeitgenössischem Mobiliar ausgestattet. Die restaurierten Räume der historischen »mercerie« (Kurzwarenhandlung) im Zentraltrakt dienen bis zur Fertigstellung der Wirtschaftsgebäude als Ausstellungsraum und als Anlaufstelle für Touristen.

Zentraler Punkt des Projekts »Utopia« ist die Umwandlung des Zentralpavillons in ein Museum mit permanenten und zeitweiligen Ausstellungen zur Geschichte der Familistère, der Stadt und der Region. Das rechte Flügelgebäude soll weiterhin Wohnungen vorbehalten sein, der linke Flügel soll später in ein Hotel umgewandelt werden.

Das Projekt Utopia läuft so auf einen wesentlichen Funktionswandel der Wohnpavillons hinaus. Doch stoßen diese Pläne nicht nur auf Zustimmung. Manche der Eigentümer-Bewohner haben sich zu einer Protestaktion zusammengeschlossen, sie stehen dem Projekt ablehnend gegenüber und äußern ihren Protest auch durch Plakate in den Fenstern.

2) Das Theater

Das Theater stellt 130 Jahre nach seiner Erbauung immer noch den größten öffentlichen Versammlungsraum der Region Guise dar und soll auch weiterhin für Aufführungen und Versammlungen zur Verfügung stehen. Im Mai 2000 wurde eine Multimediashow installiert, mit der die Besucher in die Geschichte der Familistère eingeführt werden. Auf dem Projektprogramm stehen auch die Restauration der Bühnentechnik und der Innenräume sowie sicherheitstechnische Maßnahmen.

3) Die Badeanstalt und die Wäscherei

In dem Gebäude des ehemaligen Schwimmbades und der zentralen Wäscherei am Ufer der Oise soll nach den Plänen des Projekts ein Speisesaal für junge Besucher eingerichtet werden, ebenso ein Gartenrestaurant mit Terrasse an der Oise. In den übrigen Räumen sind Ausstellungen über die Geschichte der Hygiene und zum Thema Wasser geplant.

4) Der Garten

Der Garten, zwischen Familistère und Fabrik am Ufer der Oise gelegen, wurde im Rahmen des Projektes rekonstruiert und neu bepflanzt, die Wege neu gesandet. Die Gewächshäuser und Wasserbecken werden wieder hergestellt.

5) Die Wirtschaftsgebäude
In den völlig umgebauten Wirtschaftsgebäuden der Familistère wird in Zukunft das zentrale Besucherzentrum eingerichtet sein. Es beherbergt den Eingangsbereich mit Kartenverkauf und die Bücherei, einen Gastronomiebereich, einen Ausstellungssaal, ein Dokumentationszentrum sowie ein Magazin für die Bestände des Museums.

Zeittafel

1817	Jean-Baptiste André Godin wird in Esquéheries im Departement Aisne als Sohn des Dorfschmieds geboren.
1828	Er verlässt mit elf Jahren die Schule und lernt in der väterlichen Werkstatt das Schlosserhandwerk.
1840	Beginn der Produktion von Öfen, Anmeldung des ersten Patents, Heirat mit seiner ersten Frau Esther Lemaire, Geburt des Sohnes Émile.
1842	Godin stößt durch einen Artikel in der Lokalzeitung »Le guetteur de Saint-Quentin« auf den Fourierismus.
1846	Verlagerung der Produktion nach Guise, die Firma beschäftigt 30 Arbeiter.
1848	Godin erlebt in Paris die Revolution und kandidiert vergebens für die Nationalversammlung auf der Liste der »Phalangstèrien«
1853	Scheitern eines Siedlungsprojektes in Texas, Errichtung des Zweigwerkes in Belgien
1859	Baubeginn für die Wohngebäude der Familistère
1870/71	Godin wird Abgeordneter des Departements Aisne und der französischen Nationalversammlung sowie Bürgermeister von Guise; die »Solutions Sociales« erscheinen.
1878	Gründung der Zeitschrift »Le Devoir«
1880	Gründung der »Association coopérative du Capital et du Travail, Société du Familistère de Guise Godin & Cie.«, Übertrag der Firma und der Familistère an die Mitarbeiter
1886	Heirat mit Marie Moret
1887	Bau der Familistère in Belgien
1888	Godin stirbt nach kurzer Krankheit. Seine Frau Marie Moret führt sein Werk weiter.
1929	Der erste und einzige Streik in der Geschichte der Assoziation
1960	Die Wohnungen in der Familistère entsprechen nicht mehr den zeitgenössischen Standards. Manche Wohnungen werden nicht mehr belegt, das Gemeinschaftsleben kommt zum Erliegen.

1968	Das Ende des utopischen Experiments von Guise: Die Assoziation wird in eine Aktiengesellschaft umgewandelt, die Fabrik wird darauf von dem französischen Küchengerätehersteller Le Creuset aufgekauft. Die Wohnungen in der Familistère werden zu Eigentumswohnungen umgewandelt.
1988	Die Fabrik wird vom Ofenhersteller Cheminée Philippe aufgekauft.
1991	Die Familistère wird zum »Historischen Monument« erklärt.
2000-2006	Unter dem Namen »Projekt Utopia« wird die Familistère restauriert und teilweise in ein Museum umgewandelt.

Rechts: Die überdachte Halle verbindet die beiden Gebäudeflügel

Anhang:
Das Galeriahaus in München-Riem

Im November 1999 wurde in der Neubausiedlung München-Riem (auf dem Gelände des ehemaligen Flughafens) das im Rahmen des sozialen Wohnungsbaus errichtete »Galeriahaus« eingeweiht.[143] Das Gebäude entspricht in seinen wesentlichen architektonischen Merkmalen den Wohngebäuden der Familistère von Godin in Guise und weist hinsichtlich der sozialen Ausgestaltung des gemeinsamen Wohnens und des Mäzenatentums des Bauherrn erstaunliche Parallelen auf, die anscheinend quasi »naturwüchsig« aus der Beziehung zwischen philantrophischenm Kapitalvermögen und der Sozialklientel erwachsen: Weder dem Bauherrn noch dem Architekten war bei der Konzeption des Galeriahauses der historische Vorläufer aus Guise bekannt.

Bei beiden Gebäudekonzeptionen steht ein gemeinschaftlicher, witterungsgeschützter Innenraum als halböffentlicher Raum der Begegnung und Kommunikation im Mittelpunkt. Erfüllt diese Funktion bei Godin der mit einem Glasdach versehene Innenhof, so steht dafür im Galeriahaus der ebenfalls mit einem Glasdach versehene Korridor zwischen den beiden Gebäudeteilen. Und ebenso wie in dem Sozialpalast von Guise sind in München-Riem die einzelnen Wohnungen durch Laubengänge (die französischen »Rue-Galeries«) erschlossen.

Das Gebäude besteht aus zwei parallellaufenden Wohntrakten, die über eine gemeinsame Halle miteinander verbunden sind. Hier befinden sich auch die Zugänge zu den insgesamt 172 Wohnungen, die eine Größe von 33 bis 110 Quadratmeter aufweisen. Die Galeria-Halle ist belüftet und dient im Sommer als Kälte- und im Winter als Wärmespeicher, durch die Wärmerückgewinnung aus den Wohnungen fällt in dem öffentlichen Bereich die Temperatur selbst bei Minusgraden nie unter 11 Grad Celsius. Das Gebäude wurde kostengünstig aus Betonfertigteilen errichtet, ebenso wurden Fertigbäder und standardisierte Holz-Glas-Fassaden benutzt, so dass ein finanzieller Spielraum für eine ansonsten im sozialen Wohnungsbau eher unübliche Ausstattung wie z.B. Fußbodenheizung blieb.

Dieser halböffentliche Raum wird ähnlich wie bei der Familistère für Feste und Ausstellungen genutzt. Dreimal pro Jahr findet in der

---

[143] Bauherr: Max Aicher, Freilassing. Architekt: Karl-Heinz Röpke, München. Bauzeit: 1997-1999. Baukosten: ca. 45 Millionen DM. Wohnfläche: 11600 Quadratmeter.

Blick auf die Galerien und die Verbindungsbrücken

Halle eine Ausstellung mit Gemälden statt, die mit einer Vernissage eröffnet werden. Hinzu kommt jährlich eine sogenannte »Event-Ausstellung« mit Animation, Aktionskunst, Speisen und Getränken, zu der auch die Bewohner der Messestadt-Riem eingeladen sind. So fand z.B. im Winter 2003 ein Weihnachtsmarkt mit Kunsthandwerk, einem Kinderzirkus und Musikaufführungen statt, zu dem sich 1500 Besucher einfanden. Der Hallenraum dient auch dem informellen Treffen der Bewohner und Veranstaltungen wie zum Beispiel einem Kinderfasching. Die Kosten für die größeren Veranstaltungen werden durch Spenden des Bauherrn getragen.

Die 172 geförderten Wohnungen werden nach den Kriterien des Sozialen Wohnungsbaus vom Amt für Wohnungswesen der Stadt München vergeben, also etwa nach Höhe des Einkommens und der Zahl der in der Familie lebenden Kinder. So finden sich unter den 640 Bewohnern 300 Kinder unter achtzehn Jahren. Die Belegung der Wohnungen wird dabei – auch hier eine gewisse Parallele zu den Sozialpalästen von Guise – zusätzlich durch die im Gebäude angesiedelte Hausverwaltung gesteuert, indem sie einen von bis zu fünf durch das Wohnungsamt vorgeschlagenen Bewerbern pro Wohnung auswählen kann. So beträgt der Anteil deutscher Hausbewohner rund 76%, mit rund 9% stellen türkische Bewohner die größte Gruppe unter den Ausländern.[144] Es dominieren junge Familien, ein Fünftel der Wohnungen ist an alleinerziehende Mütter vergeben. Ein Drittel der Bewohner besteht aus Singles. Hinsichtlich der Berufsgruppen stellen Arbeiter die überwiegende Mehrheit.

Die Bewohner identifizieren sich nach Angaben der Hausverwaltung mit dem Galeriahaus, Graffities und Wandschmierereien als Zeichen sozialer Probleme sind bisher nicht auffällig. Allerdings lehnen die Bewohner eine allgemeine Zugänglichkeit ihres halböffentlichen Innenraumes ab. Das im Bebauungsplan festgeschriebene öffentliche Wegerecht wird momentan nicht praktiziert, die Zugangstüren zu dem Gebäude lassen sich von außen nur mit einem Schlüssel öffnen. Die Fluktuation der Mieter wird von der Hausverwaltung mit 3,5% als gering bezeichnet, sie beläuft sich in totalen Zahlen auf fünf Auszüge pro Jahr. Einmal pro Jahr findet eine Mieterversammlung statt, die zuletzt (2003) von knapp einem Drittel der Hausbewohner besucht wurde. An Gemeinschaftseinrichtungen stehen ein Bürgertreff zur Verfügung, der für Geburtstagsfeiern, für einen Altentreff, als Teestube und als Sozialstation genutzt wird. Der Bürgertreff fungiert als kleines Sozialbürgerhaus, in dem der Allgemeine Sozialdienst Sprechstunden abhält und Bürger mit finanziellen Problemen eine Schuldnerberatung aufsuchen können. Außerhalb des Gebäudes finden sich Läden und Restaurants.

Sowohl in der architektonischen Konzeption (überdachter Innenraum, Galerien) als auch der kulturellen und kommunikativen Nutzung dieser Architektur (Feiern, Ausstellungen, soziale Kontrolle) sowie dem sozial engagierten Hintergrund des Bauherrn steht das Galeriahaus in der Nähe der Sozialpaläste von Guise und kann als modernes Nachfolgemodell, freilich im grenzensetzenden Rahmen des Sozialen Wohnungsbaus und ohne utopische Konnotation, bezeichnet werden. In einem Immobilienprospekt wird das Galeriahaus folgendermaßen charakterisiert: »Im Wohnungsbau, und besonders im Sozialen Wohnungsbau, stellt das Galeriahaus eine neue Wohnform dar, deren Potential durch ihren ungewöhnlichen Spielraum für Gemeinschaft neben der privaten Wohnung heute noch gar nicht ganz absehbar ist.«

---

[144] Zahlen nach einem Interview mit dem Hausverwalter des Galeriahauses, Herrn Schießl, vom 16. März 2004.

Literatur

Alexandre, Roger: OPA sur une utopie. Après un siècle d'autogestion, le phalanstère de Jean-Baptiste André Godin a dû vendre au capitalisme. In: L'Expansion, Januar 1972, S. 94-97.

Axhausen, Günther: Utopie und Realismus im Betriebsrätegedanken. Eine Studie nach Freese und Godin. Berlin (1920), Reprint Frankfurt a.M. 1980.

Bollerey, Franziska: Architekturkonzeption der utopischen Sozialisten. Alternative Planung und Architektur für den gesellschaftlichen Prozeß. München 1977.

Bourdieu, Pierre u.a.: Der Einzige und sein Eigenheim. Erw. Neuausgabe der Schriften zu Politik & Kultur 3. Hrsg. von Margareta Steinrücke. Hamburg 2002.

Braudel, Fernand: Frankreich. Band 3. Stuttgart 1990.

Brauman, Annick; Louis, Michel: Jean-Baptiste Andre Godin 1817–1888. Paris 1975.

Bundesverband des Deutschen Groß- und Außenhandels e.V.: Agenda 2004 zur Wiederbelebung der Marktwirtschaft in Deutschland. Berlin 2003.

Caron, François: Frankreich im Zeitalter des Imperialismus 1851–1918. Stuttgart 1991.

Delabre, Guy; Gautier, Jean-Marie: Godin et le Familistère de Guise à l'Épreuve de l'histoire. Reims 1988.

Delabre, Guy; Gautier, Jean-Marie: Vers Une République Du Travail. Jean-Baptiste André Godin 1817–1888. Paris 2000.

Detje, Richard u.a.: Reichtum & Armut. Supplement der Zeitschrift Sozialismus 6/2001 Hamburg.

Durand, Paul: Die Beteiligung der Arbeitnehmer an der Gestaltung des wirtschaftlichen und sozialen Lebens in Frankreich. Luxemburg 1962.

Émue, Max: La grève du Familistère de Guise. In: La révolution prolétarienne vom 15.2.1930, S. 3-11.

Engels, Friedrich: Zur Wohnungsfrage. In: MEGA Band 24, Berlin 1984 (1872).

Fischer, Marie: Das Familistère Godins. Ein Bild sozialer Reform. Hamburg 1890.

Fourier, Charles: Ökonomisch-Philosophische Schriften. Berlin 1980.

Friedrich-Ebert-Stiftung: Auf dem Weg zur Teilnehmergesellschaft? Investivlöhne, Gewinn- und Kapitalbeteiligungen der Arbeitnehmer in Westeuropa und den USA. Bonn 1999.

Führ, Eduard; Stemmrich, Daniel: »Nach gethaner Arbeit verbleibt im Kreise der Eurigen«. Bürgerliche Wohnrezepte für Arbeiter zur individuellen und sozialen Formierung im 19. Jahrhundert. Wuppertal 1985.

Geck, L.H.: Das Arbeitergemeinwesen der Ofenfabrik von Godin in Guise. In: Der praktische Betriebswirt. 1936, S. 790-803.

Godin, Jean-Baptiste André: Solutions Sociales. Paris 1979 (1871).

Godin, Jean-Baptiste André: Mutualité sociale et association du capital et du travail. Paris 1880.

Gunßer, Christoph: Stadtquartiere – Neue Architektur für das Leben in der Stadt. München 2003.

Häußermann, Hartmut; Siebel, Walter: Soziologie des Wohnens. München 2000.

Honegger, Hans: Godin und das Familistére von Guise. Zürich 1919.

Huster, Ernst-Ulrich (Hrsg.): Reichtum in Deutschland. Frankfurt a.M. 1993.

Krelle, Wilhelm u.a.: Überbetriebliche Ertragsbeteiligung der Arbeitnehmer. Tübingen 1968.

Kuczynski, Jürgen: Einige Überlegungen zur Struktur der Arbeiterklasse in der Zeit der Industriellen Revolution anläßlich des Erscheinens von E.P. Thompson, The making of the English working class, London 1963. In: Zwahr, Hartmut (Hrsg.): Die Konstituierung der deutschen Arbeiterklasse. Berlin 1981.

Kuhlmeyer, Elfriede: Von der Gewinnbeteiligung zum gemeinsamen Eigentum und zur gemeinsamen Verantwortung. Die Einflüsse der utopischen Sozialisten auf die Unternehmens-Reformen in Frankreich. Köln 1958.

Leifert, Josefa Friederike: Die Entwicklung der französischen Produktivgenossenschaften. Diss. Bergisch-Gladbach 1934.

Mooser, Josef: Abschied von der »Proletarität«. Sozialstruktur und Lage der Arbeiterschaft in der Bundesrepublik in historischer Perspektive. In: Conze, Werner; Lepsius, R.M. (Hrsg.): Sozialgeschichte der Bundesrepublik Deutschland. Stuttgart 1983, S. 143-186.

Mooser, Josef: Arbeiterleben in Deutschland 1900-1970. Frankfurt a.M. 1984.

Moret, Marie: Documents pour une biographie completé de Jean-Baptiste André Godin. Familistère de Guise, 1901, 1906, 1910.

Mühlestein, Erwin: Kollektives Wohnen gestern und heute. In: archithese, 1975, Heft 14, S. 3-22.

Perrot, Michelle: Geschichte des privaten Lebens Bd. 4. Von der Revolution zum Großen Krieg. Frankfurt a.M. 1992.

Raeithel, Gert: Geschichte der nordamerikanischen Kultur. Band 1: Vom Puritanismus bis zum Bürgerkrieg. Weinheim 1987.

Raveau, J.: La grève de Guise. In: L'Humanité vom 8. Dezember 1929, S. 1f.

Ritter, Gerhard A.; Tenfelde, Klaus: Arbeiter im Deutschen Kaiserreich. Bonn 1992.

Stauner-Linder, Gabriele: Die Societe du Familistere de Guise des J.-B.A. Godin. Frankfurt a.M. 1984.

Stumberger, Rudolf: Zwischen Mitarbeiterdemokratie und Markt – Die Industriekooperative Mondragón. In: ZfgG – Zeitschrift für das gesamte Genossenschaftswesen. Göttingen, Band 53, 2003, Heft 3, S. 221-227.

Vester, Michael u.a.: Soziale Milieus im gesellschaftlichen Strukturwandel. Köln 1993.

Wenker, Harald: Arbeitnehmermitbestimmung in Deutschland und Frankreich. Frankfurt a.M. 1995.

Whyte, W.F.; Whyte, K.K.: Making Mondragón. The Growth and Dynamics of the Worker Cooperative Complex. Ithaca 1988.

Willard, Claude: Geschichte der französischen Arbeiterbewegung. Frankfurt a.M. 1981.

Womack, James P. u.a.: Die zweite Revolution in der Autoindustrie. Frankfurt a.M. 1992.

Praktische Information

Das soziale Experiment von Guise war von Anbeginn das Ziel zahlreicher interessierter Besucher, darunter Sozialreformer und Schriftsteller.

Auch derzeit ist die Familistère zu besichtigen, die »Association Pour la Fondation Godin« führt seit 1991 Führungen durch die Gebäude durch. Treffpunkt für diese Führungen ist der ehemalige Kurzwarenladen und jetzige Ausstellungsraum im Erdgeschoss des Zentralpavillons.
Information: Tel. 0033/3/23 61 35 36

Das Büro des Denkmalschutzes in der Familistère ist erreichbar unter:

Syndicat Mixte du Familistère Godin
262-263 Familistère Aile Droite
02120 Guise
Frankreich
Tel. 0033/3/23 05 85 90
Fax 0033/3/23 05 85 95

Internet: www.familistere.com

Übersichtsplan

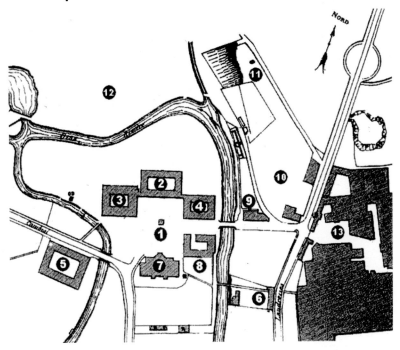

1. Platz der Familistère mit Statue von Godin
2. Zentralpavillon des Sozialpalastes
3. Rechter Flügel
4. Linker Flügel
5. Pavillon Cambrai (nicht überdacht)
6. Neben-Pavillon
7. Theater und Schulen
8. Wirtschaftsgebäude
9. Wäscherei und Bad
10. Garten
11. Mausoleum
12. Grünfläche
13. Fabrik

Das Projekt Utopia im Bild

Der Dokumentarfilm »Das Projekt Utopia« zeigt die Produktion in der Ofenfabrik von Guise und den Zustand der Familistère am Anfang des 21. Jahrhunderts.

Der Zuschauer gewinnt Einblicke in die verschiedenen Abteilungen der Fabrik, darunter die Gießerei, in der die Arbeiter das flüssige, rotglühende Eisen in die Gussformen gießen – Zeugen einer Arbeitswelt, die seit dem 19. Jahrhundert wenig verändert scheint.

Gezeigt wird auch die architektonische Konstruktion der Sozialpaläste von Guise, und anhand zahlreicher historischer Fotografien erzählt der Film die beeindruckende Geschichte dieses außergewöhnlichen sozialen Experiments.

Aktuelle Interviews zum Stand der Gebäude-Sanierung und des Umbaus der Familistère in ein »Museum der Utopie« ergänzen die Dokumentation.

»Das Projekt Utopia«
Deutschland/
Frankreich 2004
Dauer: 24 Minuten
Auf VHS-Video
oder DVD:
22,40 € plus
Versandkosten

Erhältlich bei:
Weitblick-
Filmproduktion
Münchner
Pressebüro
Fliegenstr. 12
80337 München
Tel. 089 / 26 82 75
E-Mail:
stumberger@
muenchner-
pressebuero.de

VSA: Utopien gestern und heute

160 Seiten; € 14.80
ISBN 3-89965-066-2
In Callinicos' Buch gehen einsichtsreiche Analyse und politische Perspektive eine anregende Liaison ein.

Anne Karrass/Ingo Schmidt u.a.
Europa:
lieber sozial als neoliberal
AttacBasisTexte 11
96 Seiten; € 6.50
ISBN 3-89965-071-9

200 Seiten; € 16.50
ISBN 3-89965-099-9
Historisch-biografische Essays

Arno Klönne/Karl A. Otto/
Karl Heinz Roth (Hrsg.)
Fluchtpunkte
Das soziale Gedächtnis
der Arbeiterbewegung
316 Seiten; € 20.40
ISBN 3-89965-039-5

Frank Bsirske/Luciana Castellina/
Friedhelm Hengsbach/Nele Hirsch/
Jürgen Peters u.a.
Perspektiven!
Soziale Bewegungen
und Gewerkschaften
216 Seiten; € 9.80
ISBN 3-89965-090-5

Prospekte anfordern!

VSA-Verlag
St. Georgs Kirchhof 6
20099 Hamburg
Tel. 040/28 05 05 67
Fax 040/28 05 05 68
mail: info@vsa-verlag.de

www.vsa-verlag.de

VSA: Wohnung und Gesellschaft

Armin Hentschel

Zwischen Platte und Penthaus

Wohnungspolitik am Beginn einer neuen Ära

Pierre Bourdieu u.a.

Der Einzige und sein Eigenheim

Erweiterte **Neuausgabe** der
Schriften zu Politik & Kultur 3

176 Seiten, mit z.T. farbigen Abbildungen; € 11.70
ISBN 3-87975-826-3
Die deutsche Wohnungspolitik sucht nach neuen Leitbildern. Der Autor präsentiert eine knappe und verständliche Bilanz, ergänzt um Vorschläge für eine Neubestimmung, die von der Förderpolitik bis zur aktuellen Architekturdiskussion reichen.

240 Seiten; € 20.50
ISBN 3-87975-862-X
Die eigene Wohnung und mehr noch das eigene Haus bilden die Erfüllung und den Rahmen des bürgerlichen Familienlebens. Diese scheinbare Idylle wird in einer umfassenden Untersuchung hinterfragt.

Oliver Callies
Nachbarschaft als Abseitsfalle?
Junge Arbeitslose und ihr Wohnviertel
186 Seiten; € 16.80
ISBN 3-89965-036-0

Prospekte anfordern!

VSA-Verlag
St. Georgs Kirchhof 6
20099 Hamburg
Tel. 040/28 05 05 67
Fax 040/28 05 05 68
mail: info@vsa-verlag.de

Jörg Huffschmid/Dieter Eißel u.a.
Öffentliche Finanzen:
gerecht gestalten!
AttacBasisTexte 10
96 Seiten; € 6,50
ISBN 3-89965-070-0

www.vsa-verlag.de